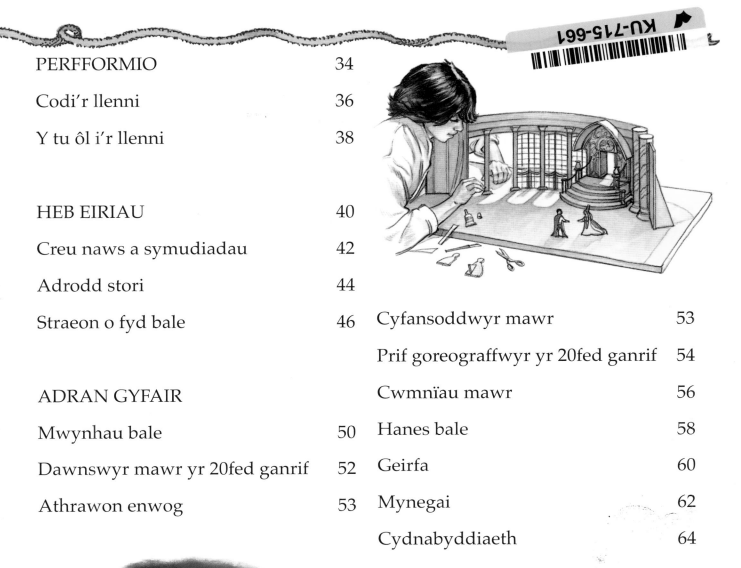

Nodyn i'r darllenydd
Mae'r darluniau bychain ar ddechrau pob adran yn adrodd stori Y Rhiain Gwsg, bale mewn pedair rhan – mae llenni'n ymddangos ar ddechrau a diwedd pob rhan. Mae'r stori ar dudalennau 44-45.

STORI DAWNSIO

 Mae pobl yn dawnsio ledled y byd. Mae dawnsio bob amser wedi bod yn rhan o ddigwyddiadau pwysig fel priodi, geni ac enwi plentyn a chladdu'r meirw. Mae dawnsiau ar gyfer hau hadau, medi cynaeafau a gwneud glaw. Mae dawnsio, canu a sŵn rhythmig drymiau ac offerynnau eraill yn creu defodau sy'n dod â phobl yn nes at ei gilydd.

GOGLEDD AMERICA
1 Dawns y byfflo
2 'Cheerleader'
3 Dawns sgwâr
4 Dawns y ddraig adeg Blwyddyn Newydd y Tsieineaid
5 Dawnsio tap
DE AMERICA
6 Dawns llwythau'r Amazon
7 Dawns neuadd America Ladin
8 Dawns y diafol, Bolivia
9 Samba, Rio
EWROP
10 Dawnswyr Morris, Lloegr
11 Flamenco, Sbaen
12 Dawnsio Albanaidd
13 Dawnsio Gwyddelig

14 Dawns briodas, Twrci
AFFRICA
15 Dawns polion o'r Aifft
16 Dawns fasgiau angladdol, llwyth Dogon
17 Dawnswyr Tutsi
18 Dawnswyr o Gambia
19 Dawns ryfel y Zulu
ASIA
20 'Reslwyr' Mongolaidd (dawnsiwr a phyped)
21 Drama dawns y Khon, Gwlad Thai
22 Dawns Kathak, India

Pob math o ddawnsiau

Dawnsio gwerin yw'r enw ar ddawnsio sy'n perthyn i wlad arbennig. Mae'n rhan o fywyd bob dydd yn ogystal â dathliadau a seremonïau.

Dawnsio cymdeithasol yw dawnsio er mwyn mwynhau mewn partïon, clybiau neu neuaddau dawns. Mae perfformiadau dawns yn digwydd ar lwyfan, ffilm neu deledu i eraill ei wylio. Defnyddir cymysgedd o ddawns, cerddoriaeth a gwaith dylunio i adrodd stori neu greu naws. Mae llawer math o ddawnsio perfformio – dawnsio cyfoes, jazz, tap a bale.

▶ Basilio a Kitri yw prif gymeriadau Don Quixote, bale wedi'i leoli yn Sbaen. Mae Kitri'n dawnsio en pointe, ar flaenau ei thraed, ond mae'r stepiau bale'n cael eu perfformio mewn dull wedi'i fenthyg o ddawnsio gwerin Sbaenaidd. Mae'r term "bale" yn dod o'r gair Eidaleg "ballo", sy'n golygu dawns.

Mae bale'n wahanol i ffyrdd eraill o ddawnsio gan fod y goes yn cael ei throi allan wrth y glun fel bod y traed yn pwyntio i'r ochor, a gwaith *pointe*, lle mae'r ddawnswraig yn defnyddio esgidiau wedi'u cryfhau'n arbennig er mwyn sefyll ar flaenau eu traed. Felly mae'n haws gwneud rhai symudiadau ac maen nhw'n fwy cyffrous i'w gwylio.

23 Dawns glasurol Indiaidd
24 Dawns reis Malaysia
25 Dawns y llys, Java
26 Dawns y cynhaeaf, Japan
27 Bugaku, Japan
28 Dawnsiwr Kandy, Sri Lanka
29 Dawnsiwr yn y deml, Bali
OCEANIA
30 Dawns gwaywffyn yr Aborigini, Awstralia
31 Haka'r Crysau Duon, wedi'i seilio ar ddawns ryfel y Maori, Seland Newydd
32 Dawnsiwr o Ynysoedd Cook
33 Dawns Hula, Hawaii

Dechrau bale

Dechreuodd bale yn llysoedd Ewrop yn ystod y 16eg a'r 17eg ganrif. Roedd llys Louis XIV, brenin Ffrainc, ym mhalas godidog Versailles, y tu allan i Baris. Roedd y gwŷr llys yn cymryd rhan mewn dathliadau o'r enw *ballets de cour* mewn gerddi a neuaddau dawns. Yn ogystal â dawnsio, roedd areithiau, caneuon a cheffylau a phobl yn gorymdeithio.

▼ Mae bale mor gain a manwl oherwydd rheolau ymddygiad y llys.

▼ Dawnsiodd Louis XIV yn ei fale cyntaf pan oedd yn dair ar ddeg. Ei rôl enwocaf oedd Apollo, duw'r haul yn *Le Ballet Royal de la Nuit* yn 1653. Roedd y bale'n para am dros 12 awr!

Roedd pobl Groeg a Rhufain yn arfer dawnsio i fwynhau, fel mae'r ffrîs hwn yn dangos. Roedd llawer o'r bales cynnar wedi'u seilio ar chwedlau Groeg a Rhufain.

Cafodd bale o'r enw Cariadon Mawrth a Gwener (duwiau rhyfel a chariad y Rhufeiniaid) ei berfformio yn Llundain yn 1717. Dyma un o'r bales cyntaf i adrodd stori heb ddefnyddio geiriau a chaneuon.

▲ **Ffrîs gyda Bacchantes yn dawnsio, 425 CC**

Sêr y llwyfan
Penderfynodd Marie Camargo (1710-1770) wneud ei sgert yn fyrrach er mwyn gallu dawnsio stepiau mwy anodd a dangos ei throedwaith.

Roedd Salvatore Vigano (1769-1821) a'i wraig Maria Medina, eisiau i fale fod yn fwy naturiol a llawn mynegiant. Roedd ganddyn nhw wisgoedd yn debyg i rai Groegaidd clasurol.

P an ddechreuodd bale gael ei berfformio mewn theatrau, roedd yn rhan o opera a daeth dawnswyr proffesiynol i gymryd lle'r gwŷr llys. Yn 1672 sefydlodd Louis XIV yr Académie Royale de Danse. Cofnododd y cyfarwyddwr, Pierre Beauchamp, y stepiau a'r safleoedd, gan gynnwys pum safle'r droed, sy'n sylfaen i dechneg bale heddiw.

Eidalwyr oedd Gaetano Vestris a'i fab Auguste. Daethon nhw'n enwog am ddawnsio yn Ffrainc yn y 18fed a'r 19eg ganrif. Llysenw Gaetano oedd 'duw dawnsio' ac roedd Auguste hefyd yn synnu cynulleidfaoedd wrth neidio a throi'n ddeheuig.

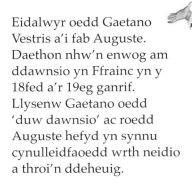

Bale'n datblygu

Erbyn y 1830au, edrychai gwisg dawnswraig yn debyg i wisg heddiw mewn bales Rhamantaidd fel *La Sylphide*. Roedd y ddawnswraig yn gwisgo tutu hir gyda bodis tynn a sgertiau rhwyllog meddal hyd at y pen-glin. Roedd ei gwallt wedi'i rannu yn y canol, yn gorchuddio ei chlustiau ac wedi'i dynnu'n dorch isel. Ar ddechrau'r 20fed ganrif, dechreuodd dawnswragedd wisgo'r tutu clasurol. Roedd y sgertiau byr â sawl haen yn dangos y stepiau wrth iddyn nhw fynd yn fwy mentrus.

En pointe

Marie Taglioni (1804-1884) oedd un o'r balerinas cyntaf i sefyll ar flaenau'i thraed, *en pointe*, er mwyn edrych fel petai'n hofran. Roedd esgidiau bale'n feddal y dyddiau hynny felly rhaid bod ei thraed yn brifo ar y dechrau. Ei thad oedd ei hathro, a dyfeisiodd ymarferion er mwyn cryfhau ei choesau a'i thraed.

Bale Rhamantaidd

Roedd bale Rhamantaidd yn adwaith yn erbyn popeth oedd yn digwydd yn y byd. Oherwydd y ffatrïoedd a'r peiriannau newydd adeg y Chwyldro Diwydiannol roedd coreograffwyr eisiau ysgrifennu bales oedd yn ysgafn ac afreal.

Mewn bales Rhamantaidd roedd tylwyth teg ac ysbrydion a bodau dynol yn codi uwchlaw'r byd. Roedd menywod yn cael eu trin fel creaduriaid bregus. Rhaid oedd eu hamddiffyn a'u codi'n dyner.

La Sylphide yw un o'r bales Rhamantaidd hynaf, ac mae'n dal i gael ei ddawnsio. Mae'n adrodd stori Albanwr ifanc o'r enw James sy'n cwympo mewn cariad â thylwythen. Gallwch ddarllen eu stori ar dudalen 46.

Bale clasurol

Mae stepiau'r balerinas yn fwy mentrus ac anodd mewn bale Clasurol nag mewn bale Rhamantaidd. Yn Act III o'r bale Clasurol 'Y Llyn Elyrch' / *Swan Lake*, mae Odile yn ceisio perswadio'r Tywysog Siegfried mai hi yw Odette, Tywysoges yr Elyrch y mae ef wedi cwympo mewn cariad â hi. Mae Odile yn gwisgo tutu du ac mae Odette yn gwisgo un gwyn.

Ar ddiwedd y 19eg ganrif, dyfeisiodd y coreograffydd Marius Petipa gyfres o fales Clasurol – bales mawreddog yn adrodd storïau gyda setiau a gwisgoedd moethus. Mae'r storïau'n cael eu hadrodd drwy batrymau set, gydag unawdau i un person, *pas de deux* i ddau berson, a grwpiau bach a mawr o ddawnswyr yn y *corps de ballet*.

Does dim stori bob amser mewn bale modern. Yn lle hynny maen nhw'n cyflwyno teimladau ac awyrgylch.

The Rite of Spring

Ysgrifennodd Nijinsky fale am bobl gyntefig yn cael eu haberthu. Rhoddodd sioc i gynulleidfaoedd pan gafodd ei berfformio gyntaf ym Mharis yn 1913. Roedd y thema hon yn drobwynt o ran cerdd-oriaeth a dawns.

Ers hynny, mae llawer o goreograffwyr wedi defnyddio cerddoriaeth ddramatig Stravinsky i greu *The Rite of Spring* eu hunain. Mae'r gwisgoedd yn y cynhyrchiad hwn gan Kenneth MacMillan yn rhoi rhyddid llwyr i'r dawnswyr symud.

Bale modern

Mae'r dawnswyr yn creu darluniau dramatig yn *Apollo*, bale gan George Balanchine. Mae eu gwisgoedd yn dynnach, i ddangos y siapiau y mae dawnswyr yn eu gwneud. Duw Groegaidd oedd Apollo ac mae'r tair merch yn cynrychioli meim, dawns a barddoniaeth. Mae'r math yma o bale, sy'n fodern gyda stepiau clasurol, weithiau'n cael ei alw'n neo-glasurol.

Y dawnswyr

Mae dawnswyr yn bobl arbennig. Maen nhw'n ddeallus, yn gerddorol ac yn fodlon addasu. Mae hyder ganddyn nhw i ddawnsio unawdau ond maen nhw'n gallu gweithio'n rhan o dîm. Gallant ddefnyddio eu dychymyg i greu gwahanol gymeriadau ar y llwyfan. Maen nhw'n derbyn beirniadaeth heb ddigio, gan wybod na fyddan nhw byth yn gorffen dysgu a pherffeithio eu techneg. Yn olaf, mae pob dawnsiwr yn mwynhau her. Rhaid gwthio eu hunain a'u techneg i'r eithaf drwy weithio gyda chynifer o goreograffwyr ag sy'n bosibl.

▶ **Creodd Mikhail Fokine unawd yr Alarch ar Farw (***Dying Swan***) i Anna Pavlova ar gyfer perfformiad i elusen yn Rwsia. Pan oedd hi'n marw o niwmonia yn 1931, mae'n debyg iddi sibrwd, "Paratowch fy ngwisg Alarch." Y diwrnod wedi i Anna Pavlova farw, cafodd cerddoriaeth Saint-Saens i'r soddgrwth ei chwarae wrth i'r golau cylch symud dros y llwyfan gwag.**

Seren o Rwsia
Ganed Anna Pavlova yn St Petersburg, Rwsia, yn 1881. Roedd yn faban gwan a'i mam yn weddw dlawd. Pan oedd hi'n wyth, aeth mam Anna â hi i weld y Rhiain Gwsg (*Sleeping Beauty*) yn Theatr Maryinsky yn anrheg Nadolig.

Roedd Anna'n gwybod yn syth ei bod hi eisiau bod yn ddawnswraig. Ddwy flynedd yn ddiweddarach ymunodd â'r ysgol bale yn Stryd y Theatr. Gyda help athrawon fel Enrico Cecchetti, gweithiodd yn galed, cryfhau a chafodd ei derbyn i gwmni Maryinsky.

Concro'r byd

Roedd Anna Pavlova yn dwlu ar ddawnsio, ac roedd hynny'n amlwg wrth iddi berfformio. Roedd hi eisiau i gymaint o bobl â phosibl fwynhau ei gweld yn dawnsio. Felly am 15 mlynedd bu'n dawnsio dros y byd i gyd, i bobl gyfoethog a thlawd, mewn trefi bach a mawr. Teithiodd dros 185,000km a rhoi dros 4,000 o berfformiadau.

Mae pobl yn dal i gofio ei pherfformiadau.

▶ **Mikhail Baryshnikov, yn *Rhapsody* Frederick Ashton. Ganed Baryshnikov yn 1948 ac astudiodd yn Ysgol Bale Kirov. Symudodd i'r Gorllewin yn 1976, a dawnsio gyntaf gyda'r Bale Brenhinol. Roedd yn un o ddawnswyr gorau'r 20fed ganrif ac yn mwynhau gweithio mewn ffilmiau a gyda choreograffwyr newydd. Cyfarwyddodd Theatr Bale America yn y 1980au, a nawr mae'n cyfarwyddo'i gwmni dawnsio modern ei hun, White Oak Dance Project.**

◀ **Cafodd Pavlova ei disgrifio fel 'athrylith' gan ddawnswraig wych arall, Margot Fonteyn.**

P̱an fydd dawnswyr yn stopio dawnsio, fel arfer yng nghanol eu tridegau, rhaid iddyn nhw ddechrau gyrfa newydd. Mae llawer yn mynd yn athrawon, coreograffwyr a chyfarwyddwyr. Mae eraill yn aros gyda'u cwmnïau bale drwy ddod yn weinyddwyr, nodianwyr a ffisiotherapyddion. Mae disgyblaeth bale'n paratoi dawnswyr yn dda ar gyfer gyrfaoedd cwbl wahanol.

"Fy nymuniad yw bod fy neges am brydferthwch a hapusrwydd a bywyd yn cael ei pharhau ar ôl fy nydd i. Gobeithio, pan fydd pawb wedi anghofio am Anna Pavlova, y bydd pobl yn dal i gofio ei dawnsio. Os ydw i wedi llwyddo i wneud y cyfraniad bach hwnnw i'm celfyddyd, rwy'n fodlon."

(Pavlova)

▼ Dechreuodd y dosbarth hwn gydag ymarferion wrth y *barre*. Nawr mae pawb wedi symud i ganol y stiwdio i ymarfer heb y *barre*.

DYSGU DAWNSIO

Gallwch fwynhau bale heb i chi eisiau bod yn ddawnsiwr proffesiynol. Bydd bale'n rhoi hyder a medrau dysgu i'ch helpu mewn llawer o wahanol feysydd eraill. Mae'n bwysig cael agwedd iach iawn at eich gwersi – gwylio, gwrando a dal ati er bod hynny'n anodd ar y dechrau. Yn bwysicach na dim, dylai gwersi bale fod yn hwyl – rhywbeth i chi, eich athro a'ch cynulleidfa fwynhau.

1 Mae'r athrawes yn annog y disgyblion ac yn eu cywiro.

2 Mae'r pianydd yn canu'r gerddoriaeth.

3 Os nad yw'r pianydd yno, mae'r athrawes yn defnyddio tâpiau.

4 Rhaid i flaen eich rhubanau fod wedi'u plygu i mewn yn daclus.

5 Mae'r dosbarth yn gwneud ymarfer *port de bras*

6 Mae disgyblion yn dal y *barre* i gadw cydbwysedd yn ystod ymarferion *barre*.

7 Mae drychau'n helpu'r disgyblion i weld eu bod yn sefyll yn iawn.

8 Mae tystysgrifau gan yr athrawes yn dangos iddi basio arholiadau a'i bod yn gymwys i ddysgu.

9 Blwch o resin, wedi'i lenwi â phowdr sy'n atal traed rhag llithro ar y llawr.

10 Mae un disgybl yn ymarfer rhywbeth gwahanol a'r lleill yn gwylio'r dosbarth.

11 Mae'r disgybl hwn yn dal ei phen yn gywir. Allwch chi sylwi pam mae'r lleill yn anghywir?

12 Mae poster lliwgar yn atgoffa'r disgyblion o'u nod.

◀ Roedd yr arlunydd a'r cerflunydd Edgar Dega'n mwynhau gwylio dawnswyr ym male Paris Opéra ar ddiwedd y 19eg ganrif. Enw'r ffigwr efydd yma yw *La Petite Danseuse* (Y Ddawnswraig Ifanc). Mae hi'n 14 blwydd oed ac yn sefyll yn y pedwerydd safle. Ydy hi'n sefyll yn gywir? (Trowch i dudalen 17 i gael yr ateb).

Pan fyddwch chi'n dechrau dysgu bale, rhaid i chi ddod o hyd i ysgol gydag athrawon cymwys. Os oes llythrennau ar ôl eu henwau, maen nhw wedi sefyll arholiadau er mwyn gallu dysgu. Hefyd maen nhw wedi dysgu anatomi ac yn deall sut mae'r corff dynol ar ei dyfiant yn gweithio. Efallai byddan nhw'n dysgu technegau ychydig yn wahanol, fel Academi Frenhinol Dawnsio (RAD) neu ddull Cecchetti. Mae rhai ysgolion yn rhoi cyfle i chi sefyll arholiadau, er mwyn gweld sut rydych chi'n dod ymlaen. Yn ogystal â bale, mae gan ysgolion fel arfer ddosbarthiadau mewn arddulliau eraill fel dawnsio modern, jazz a tap.

▶ Ar ddiwedd y dosbarth, rhaid gwneud *révérence*, ymgrymu sy'n dweud "diolch" wrth yr athrawes a'r pianydd. Hefyd, mae'n paratoi'r disgyblion i gydnabod cymeradwyaeth y gynulleidfa.

Beth i'w wisgo

Yn eich gwers gyntaf, gallwch ddawnsio'n droednoeth fel arfer, mewn rhywbeth llac a chyfforddus. Ar ôl hynny, bydd ysgolion fel arfer yn hoffi i chi wisgo eu gwisg nhw, dillad ymarfer. Mae dillad ymarfer yn ffitio'n dynn er mwyn i'r athrawes weld yn iawn a chywiro camgymeriadau. Mae pawb yn ceisio edrych mor daclus â phosibl.

Gwallt
Rhaid i'ch gwallt ddangos cymaint â phosibl o'r wyneb. Mae hyn yn gwneud i'r pen edrych yn llyfn ac yn gymesur â gweddill y corff. Gallwch glymu gwallt hir mewn torch, neu ei blethu a'i roi ar eich corun. Mae band pen yn cadw gwallt byr yn daclus. Byddai'n anodd dawnsio â gwallt yn hongian dros eich wyneb.

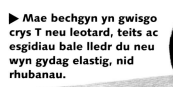

▶ **Mae bechgyn yn gwisgo crys T neu leotard, teits ac esgidiau bale lledr du neu wyn gydag elastig, nid rhubanau.**

Dod yn barod
Defnyddiwch fag i gario eich dillad ymarfer i'r dosbarth. Golchwch nhw bob tro ar ôl eu gwisgo, a gwnïo rhubanau esgidiau sydd wedi datod. Rhowch un esgid yn y llall i gadw eu siâp rhwng pob dosbarth.

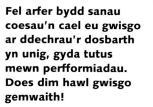

Fel arfer bydd sanau coesau'n cael eu gwisgo ar ddechrau'r dosbarth yn unig, gyda tutus mewn perfformiadau. Does dim hawl gwisgo gemwaith!

Rhubanau esgidiau
Mae pob rhuban tua 2.5cm o led a 50cm o hyd. Plygwch sawdl yr esgid ymlaen. Gwnïwch ruban ar bob ochr, ychydig o flaen y plyg. Gwnïwch i mewn i'r canfas, nid drwy'r llinyn tynnu.

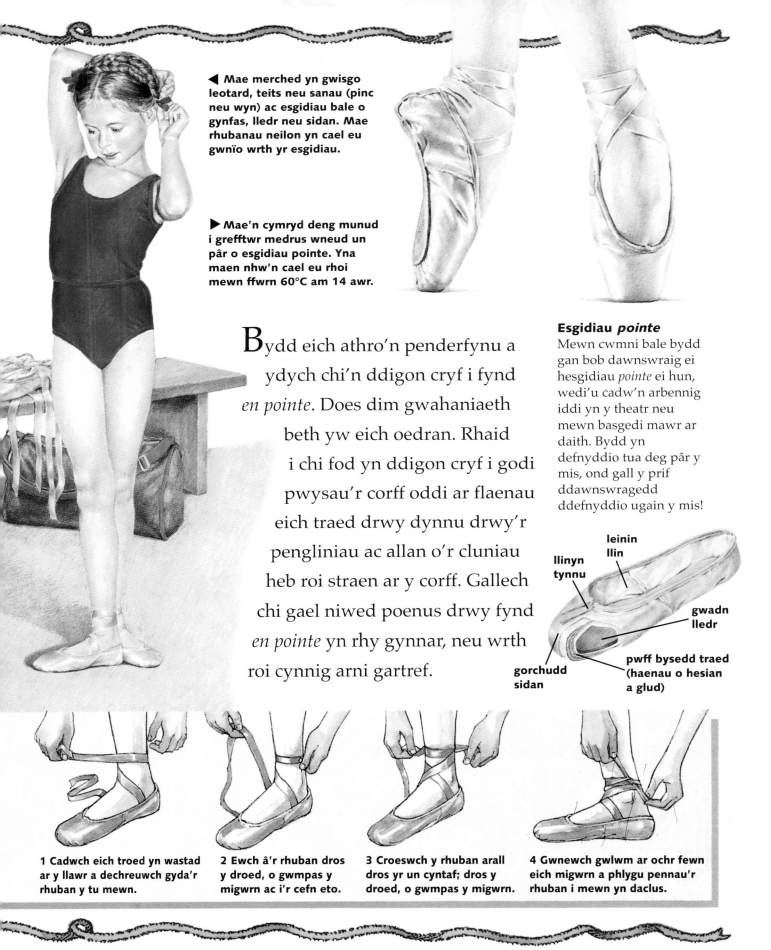

◀ Mae merched yn gwisgo leotard, teits neu sanau (pinc neu wyn) ac esgidiau bale o gynfas, lledr neu sidan. Mae rhubanau neilon yn cael eu gwnïo wrth yr esgidiau.

▶ Mae'n cymryd deng munud i grefftwr medrus wneud un pâr o esgidiau pointe. Yna maen nhw'n cael eu rhoi mewn ffwrn 60°C am 14 awr.

Bydd eich athro'n penderfynu a ydych chi'n ddigon cryf i fynd *en pointe*. Does dim gwahaniaeth beth yw eich oedran. Rhaid i chi fod yn ddigon cryf i godi pwysau'r corff oddi ar flaenau eich traed drwy dynnu drwy'r pengliniau ac allan o'r cluniau heb roi straen ar y corff. Gallech chi gael niwed poenus drwy fynd *en pointe* yn rhy gynnar, neu wrth roi cynnig arni gartref.

Esgidiau *pointe*

Mewn cwmni bale bydd gan bob dawnswraig ei hesgidiau *pointe* ei hun, wedi'u cadw'n arbennig iddi yn y theatr neu mewn basgedi mawr ar daith. Bydd yn defnyddio tua deg pâr y mis, ond gall y prif ddawnswragedd ddefnyddio ugain y mis!

leinin llin

llinyn tynnu

gwadn lledr

gorchudd sidan

pwff bysedd traed (haenau o hesian a glud)

1 Cadwch eich troed yn wastad ar y llawr a dechreuwch gyda'r rhuban y tu mewn.

2 Ewch â'r rhuban dros y droed, o gwmpas y migwrn ac i'r cefn eto.

3 Croeswch y rhuban arall dros yr un cyntaf; dros y droed, o gwmpas y migwrn.

4 Gwnewch gwlwm ar ochr fewn eich migwrn a phlygu pennau'r rhuban i mewn yn daclus.

Wrth y *barre*

Mae pob dosbarth bale'n dechrau wrth y *barre* ac yna'n symud i'r canol i wneud y stepiau mwy anodd. Mae'r *barre*'n eich cynnal wrth wneud ymarferion sy'n twymo'r cyhyrau ac yn paratoi ar gyfer y stepiau sy'n dod wedyn. Mae llawer o'r amser wrth y bar yn cael ei dreulio'n gweithio ar droi'r coesau am allan a datblygu safiad da. Ystyr hyn yw perthynas un rhan o'ch corff â'r llall – er enghraifft, yr ysgwyddau â'r cluniau. Bydd yr athrawes yn cywiro camgymeriadau, a gallwch ddefnyddio'r drych i'ch helpu i weld eich bod yn sefyll yn iawn.

Dwylo a thraed

Rhaid dal bysedd eich dwylo wrth ei gilydd a'r bawd wedi'i blygu i mewn. Ar gyfer arabesque, gallwch gadw'r bysedd yn fwy gwastad a'u hymestyn (gweler tudalen 18).

Mae'r traed yn pwyntio'n syth, drwy'r bys canol fel petai. Rhaid peidio cau'r bysedd. Troed gryman yw'r enw ar droed sy'n troi am i mewn.

Mae'r llygaid yn edrych yn syth ymlaen. Mae'r pen yn wastad, a'r gwddf yn teimlo'n hir.

Mae'r fraich yn yr ail safle. Mae'n cwympo'n raddol o'r ysgwydd, heb i'r ysgwydd godi.

Dyma'r goes sy'n gweithio. Mae'r goes wedi'i hymestyn a'r pen-glin yn syth.

Rhaid troi eich coesau am allan o'r cluniau, ond rhaid i'r cluniau aros yn wastad tua'r blaen, heb eu troi na'u codi fel bod un glun yn uwch na'r llall.

Dyma'r goes sy'n cynnal y corff.

Mae'r fraich yn y trydydd safle (RAD) neu'r pumed *en avant* (dull Cecchetti). Mae'r ddawnswraig yn gorffen y *plié*.

Mae'r pengliniau'n plygu ac yn troi i'r ochr. Os yw hyn yn brifo neu'n anodd, yna mae eich traed wedi'u troi allan yn rhy bell.

1 Yr ymarfer cyntaf yw plygu'r pengliniau mewn *plié*. Dyma *demi plié* neu hanner plié yn yr ail safle. Mae plié'n gwella'r ffordd rydych yn troi'r coesau am allan ac yn ymestyn y cyhyrau'n raddol.

Mae traed yn troi am allan, a'r sodlau'n aros yn wastad ar y llawr. Mewn *plié* llawn neu grand *plié* yn y safle cyntaf, y trydydd, pedwerydd a'r pumed safle'n unig maen nhw'n codi.

2 Mewn *battements tendues*, mae'r droed yn llithro ar hyd y llawr nes ei bod yn pwyntio. Mae hyn yn cryfhau'r traed a'r coesau'n barod i'r troedwaith deheuig a chyflym wedyn.

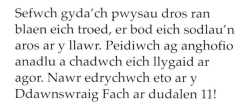

Osgo'r corff

Tynnwch eich pen ôl i mewn a'ch stumog i fyny fel bod eich cefn yn syth. Cadwch eich pen yn syth a'ch gên yn wastad. Teimlwch fod eich gwddf yn hir a gosgeiddig a bod eich ysgwyddau mewn safle naturiol a chyfforddus.

Sefwch gyda'ch pwysau dros ran blaen eich troed, er bod eich sodlau'n aros ar y llawr. Peidiwch ag anghofio anadlu a chadwch eich llygaid ar agor. Nawr edrychwch eto ar y Ddawnswraig Fach ar dudalen 11!

4 Mae *grands battements* yn cryfhau'r coesau ac yn gwella'r ffordd mae'r cluniau'n troi allan a'r uchder y gallwch godi eich coesau.

Safle'r traed

Mae'r rhan fwyaf o stepiau bale'n dechrau a gorffen gydag un o bum safle'r traed. Mae pum safle i'r breichiau hefyd.

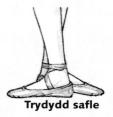
Safle cyntaf

Ail safle

Rhaid i wyneb y dawnsiwr beidio dangos ôl ymdrech a straen.

Mae'r pen-glin yn wynebu'r ochr, a'r glun wedi'i throi allan yn dda.

Mae'r droed wedi'i phlygu ac yn gorffwys ar figwrn y goes sy'n cynnal y corff, cyn taro'r llawr.

Mae'r droed yn aros yn wastad ar y llawr. Os yw eich migwrn yn rholio am i mewn, yna mae eich coes arall wedi'i chodi'n rhy uchel.

Mae'r goes wedi'i hymestyn, y pen-glin yn syth, a'r traed yn pwyntio. Codwch hi mor uchel ag y gallwch heb godi eich clun o'r safle cywir.

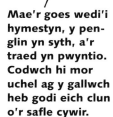

Trydydd safle

Pedwerydd safle

Pumed safle

3 Mewn battements frappés, mae pelen y droed yn taro'r llawr yn galed. Mewn *battements frappés* dwbl, mae'r sawdl yn croesi y tu ôl i'r migwrn ac yn ôl eto. Mae gwneud hyn yn helpu gyda stepiau sy'n neidio a tharo.

Mae ymarferion wrth y *barre*'n cael eu gwneud ar un droed yn gyntaf ac wedyn ar y llall, gan droi yn y canol fel bod dwy ochr y corff yn tyfu cyn gryfed â'i gilydd. Fel arfer mae ymarferion yn cael eu gwneud i'r blaen, i'r ochr, i'r cefn ac i'r ochr eto, sef *en croix* – ar ffurf croes.

Pan fyddwch chi'n dechrau bale, bydd ymarferion barre'n cymryd tua 15 munud, ond bydd dawnswyr proffesiynol wrth y barre am ryw hanner awr.

Gwaith yn y canol

Ar ôl y *barre*, rhaid ailadrodd rhai o'r ymarferion heb y barre i ddod yn gryfach ac yn fwy ystwyth. I ddechrau, *ports de bras* i gael breichiau gosgeiddig, ac *adage*, symudiadau araf i wella'r osgo a'r cydbwysedd. Yna *pirouettes*, neu droi, yna *petit allegro* gyda *batterie*, neidiau bach sydyn lle mae'r coesau'n curo yn erbyn ei gilydd. Yn olaf, *grand allegro*, camau mawr sy'n neidio, dyna ddawnsio go iawn.

Pirouette en dehors o'r pumed safle

Troi
Pirouette yw *plié* ac yna cyfuniad o godi ar *demi-pointe* a throelli. Gall *pirouettes* droi i ffwrdd o'r goes sy'n cynnal y corff, *en dehors*, neu tuag ati, *en dedans*. Gallwch hefyd droi mewn safleoedd eraill fel arabesque.

Mewn *arabesque* (un o'r safleoedd mwyaf sylfaenol a hyfryd mewn bale) mae un goes yn ymestyn y tu ôl i'r ddawnswraig.

Mae dawnswyr yn osgoi cael pendro drwy 'sbotio' - syllu ar un man ar lefel y llygaid, yna chwipio'r pen o gwmpas yn gyflym i ddod o hyd i'r man hwnnw eto.

▼ arabesque cyntaf

Yr athro
Mae athrawon bale wedi bod yn bwysig erioed. Mae rhai wedi datblygu'r dechneg, ac eraill wedi helpu dawnswyr enwog i gyflawni eu potensial. Bydd eich athro/athrawes eisiau i chi wneud eich gorau glas. Rhaid i brif ddawnswyr enwoca'r byd fynd i ddosbarth bob dydd ac maen nhw'n gwneud camgymeriadau. Ond dydyn nhw byth yn rhoi'r ffidl yn y to!

O 1906 i 1908, Anna Pavlova oedd unig ddisgybl Enrico Cecchetti.

Adage
Tynnwch linell ddychmygol â'ch bys o law'r ddawnswraig sydd wedi ymestyn, i flaen ei throed, ac un arall o gorun ei phen i'r droed sy'n ei chynnal. Mae ymarfer adage'n helpu i osod y safleoedd hyn.

Petit Allegro

Changement yw hwn, sef 'newid'. Dechreuwch yn y pumed safle, neidiwch a newid y bysedd eto, gan lanio yn y pumed safle gyda'r droed arall ar y blaen. Gallwch newid y traed yn yr awyr hyd at dair gwaith, sef *entrechat six* (3 x 2 goes). Mae Wayne Sleep wedi perfformio *entrechat douze* (6 x 2 goes) anhygoel.

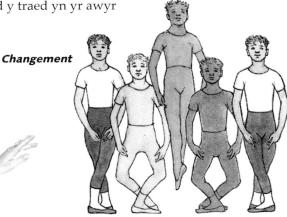

Changement

Pan fyddwch chi'n dysgu bale, efallai bydd yr ymarferion a'r camau'n eithaf tebyg bob wythnos, yn enwedig os ydych chi'n paratoi at arholiad. Mewn dosbarth proffesiynol, bydd yr athro'n gosod gwahanol *enchaînements*, neu gyfres o gamau, i brofi medr a chof y dawnswyr. Mae hyn hefyd yn eu paratoi i weithio gydag amrywiaeth o goreograffwyr.

Petit Allegro

Ystyr *pas de chat* yw 'cam y gath'. Mae un goes yn arwain a'r llall yn dilyn wrth i chi neidio i'r ochr, yn gyflym ac yn ysgafn fel cath. Yng nghanol y cam, mae'r ddwy goes oddi ar y ddaear, a blaenau'r traed yn cwrdd yn yr awyr.

Pas de chat

Grand Allegro

Ystyr *temps de poisson* yw 'cam y pysgodyn' ac mae'n edrych fel petai eog yn neidio o'r dŵr. Dilynwch y siâp â'ch bys ac â'ch llygaid. Codiad yw'r enw ar uchder y naid.

Mewn *grand jeté*, neu 'naid fawr', mae'r ddwy fraich a choes wedi'u hymestyn yn llawn. Dylech fod yn gallu gweld tair cromlin.

Dyma naid wych o *The Fountain of Bakhchisarai*, bale Rwsiaidd a berfformiwyd gyntaf gan Fale Kirov.

▶ *Temps de poisson* sy'n cael ei berfformio gan y Tywysog Siegfried yn Act III Y Llyn Elyrch (*Swan Lake*).

Pas de deux

Fel arfer mae *pas de deux* neu waith pâr yn cael ei ddysgu mewn dosbarth ar wahân. Mae'n cynnwys *pirouettes*, *adage* a gwaith codi amrywiol gyda phartner. Mewn bales Clasurol fel y Rhiain Gwsg (*Sleeping Beauty*), mae *pas de deux* yn dilyn patrwm arbennig: *adage* wedi'i gynnal, unawd gan y dyn ac yna gan y ddynes. Ar y diwedd fel arfer mae *finale* cyflymach o'r enw *coda*. Gwaith y dyn yw codi'r ddawnswraig a'i chynnal drwy gyfres o gamau *adage* ac wrth droi. Mewn bales diweddarach, mae'r coreograffi yn llifo mwy ac mae'r gwaith codi'n fwy acrobatig.

Partneriaid perffaith
Mae'r gynulleidfa'n mwynhau llinell y *pas de deux*, gyda'r ddau ddawnsiwr yn cyfateb i'w gilydd neu'n cyferbynnu â'i gilydd o ran y siapau sy'n cael eu creu. Y peth pwysicaf yw bod *pas de deux* yn edrych yn ddiymdrech.

Arabesque wedi'i gynnal
Gall balerina sefyll yn hirach en pointe mewn arabesque pan fydd partner yn ei chynnal. Os yw'r partner yn cerdded o'i chwmpas wrth iddi gadw cydbwysedd, promenade yw'r enw ar hyn.

▼ **Aurora a'r Tywysog Florimund, mewn pas de deux o fale Y Rhiain Gwsg.**

Partneriaethau gwych

Gall dau ddawnsiwr adeiladu perthynas gadarn, a'r naill yn gwella perfformiad y llall, er enghraifft, Margot Fonteyn a Rudolf Nureyev, Suzanne Farrell a Peter Martins, Antoinette Sibley ac Anthony Dowell.

Fouettés bysedd

Mae'r dawnsiwr gwrywaidd yn dal bys canol y falerina'n ysgafn uwch ei phen wrth iddi droi. Mae'n dechrau troi drwy wthio i ffwrdd o gledr ei llaw arall sydd yn ei law ef.

Mae ymarfer *pas de deux* yn golygu dysgu ymddiried yn eich partner. Dylai partneriaid fod yn addas o ran maint, gan fod sefyll *en pointe*'n gwneud i'r ddawnswraig fod yn llawer talach. Cyn brif ddawnswyr sydd fel arfer yn hyfforddi *pas de deux*, a gwneud yn siŵr fod y coreograffi'n cael ei ddawnsio yn yr arddull gywir. Mae *pas de deux* o'r cyfnod Rhamantaidd yn llifo'n rhwydd a *pas de deux* Clasurol yn osgeiddig, gyda llinell lân a stepiau deheuig.

Codi'n syth

Mae'r dawnsiwr yn codi'r falerina dros ei ben â breichiau syth. All hi ddim gwneud llawer i'w helpu, heblaw am neidio wrth iddo ddechrau ei chodi, felly mae angen bod yn gryf.

◄ **Mae'r bale Rwsiaidd *Spartacus*, lle mae'r ferch yn cael ei chodi'n gyson, yn adrodd hanes caethwas Rhufeinig yn dechrau gwrthryfel.**

Codi a symud

Wrth i'r ferch neidio, mae ei phartner yn ei chodi a'i chario ar draws y llwyfan, mewn safle gosgeiddig. Weithiau bydd hi'n newid y safle yn yr awyr. Rhaid iddi gadw llinell y naid wrth iddo ei chynnal.

▼ **Yn *Voluntaries*, bale modern gan Glen Tetley, gall dawnswyr profiadol arbrofi drwy godi ei gilydd mewn ffyrdd anoddach a mwy mentrus.**

Magu cyhyrau

Mae bechgyn yn meithrin cryfder yn eu breichiau, eu hysgwyddau, eu pen-gliniau a'u cefnau drwy wneud ymarferion codi pwysau a magu cyhyrau yn yr ysgol bale. Rhaid gwneud hyn yn gywir rhag cael niwed. Ond rhaid i fechgyn hefyd fod yn gyflym ac ystwyth. Byddai corff rhy gryf yn difetha llinell y dawnsiwr.

Mae Sara'n un ar ddeg. Ymunodd â'r ysgol fale ar ôl gadael yr ysgol gynradd. Cyn hynny roedd hi wedi bod i ddosbarthiadau bale lleol bob wythnos. Mae cystadleuaeth ffyrnig i gael lle mewn ysgol bale. Roedd rhaid i Sara wneud clyweliad drwy ddawnsio yn nosbarth athrawes o'r ysgol bale. Yna cafodd brawf meddygol i wneud yn siŵr fod ei chorff yn addas ar gyfer yr hyfforddiant. Bydd hi'n aros yn yr ysgol tan iddi sefyll ei harholiadau TGAU. Yna bydd hi'n symud i'r ysgol uwch i gael hyfforddiant pellach.

Diwrnod mewn ysgol bale

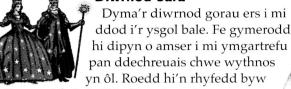

Diwrnod Sara

Dyma'r diwrnod gorau ers i mi ddod i'r ysgol bale. Fe gymerodd hi dipyn o amser i mi ymgartrefu pan ddechreuais chwe wythnos yn ôl. Roedd hi'n rhyfedd byw oddi cartref, heb fy ffrindiau a'r teulu. Ond mae'n wych cael bod gyda phobl sy'n deall cymaint am ddawnsio ac sydd ddim yn diflasu pan fydda i'n sôn am y peth o hyd!

Cawsom frecwast enfawr, fel arfer, am wyth o'r gloch. Does neb ar ddeiet yma. Rhaid i ni fwyta digon o fwyd iach i helpu ein hesgyrn i dyfu'n gryf. Roedd dosbarth o naw i hanner awr wedi deg a Miss Farmer yn dweud bod fy *pas de chats* yn anniben iawn – roedd y pumed safle'n edrych yn debycach i drydydd safle. Ond fe wnes i birouette dwbl perffaith, felly ro'n i'n teimlo'n well. Arhosodd fy ffrindiau ar ôl y dosbarth ac fe fuon ni'n helpu ein gilydd i ymarfer. Ry'n ni'r merched yn cael dosbarth bob dydd gyda'n gilydd, ond bydd y bechgyn yn dod aton ni yfory am awr o ddawnsio cymeriadau. Ry'n ni'n dysgu rhai o stepiau'r Mazurka o Act I *Coppélia*. Mae gwersi ysgol gyda ni hefyd, fel unrhyw ysgol arall, a dw i'n hoffi mathemateg, cerddoriaeth a Ffrangeg. Mae'n ddefnyddiol gwybod mai ystyr *pas de chat* yw 'cam y gath', a bod glisser yn golygu llithro.'

brecwast mawr!

dosbarth Miss Farmer

Ar ôl cinio roedd mwy o waith ysgol, yna'n hwyr y prynhawn, fe gawson ni ddosbarth gwaith pointe am awr. Ry'n ni'n dysgu sut i godi ar *pointe* gan ddal wrth y *barre*. Wrth i ni wneud hyn, roedd y bechgyn yn ymarfer codi pwysau i'w helpu i fagu cyhyrau ar gyfer pas de deux. William yw enw fy mhartner i. Mae e'n dair ar ddeg, yr un oed â 'mrawd, ac mae e'n hoffi'r un math o bethau – bandiau roc, pêl-droed, gemau cyfrifiadur.

Roedd swper am chwech ac yna, ar ôl i ni wneud ein gwaith cartref a gwnïo'r rhubanau ar ein hesgidiau, dywedodd y Pennaeth fod y cwmni wedi dewis rhai myfyrwyr i gymryd rhan yn y cynhyrchiad newydd o Yr Efail Gnau (*The Nutcracker*). Mae'r ysgol ynghlwm wrth y cwmni, felly weithiau ry'n ni'n gallu gwylio'r ymarferion neu gymryd rhan yn y cynyrchiadau. Fe fydda i'n llygoden yn Act I. Ac yn well fyth, fe fydda i'n ddirprwy i Clara, sy'n gwneud unawd ac yn dawnsio gyda'r Tywysog. Mae'r noson gyntaf ddechrau Rhagfyr, felly dim ond chwe wythnos sydd gyda ni i ymarfer. Bydd athrawes o'r cwmni'n dod i ddysgu'r stepiau i ni! Yn ystod pythefnos olaf mis Tachwedd byddwn yn treulio peth amser yn ymarfer gyda'r cwmni, yn y stiwdio ac yna ar y llwyfan. Waw!

dawnsio cymeriadau

gwnïo rhubanau

Mae Natalie'n un ar bymtheg. Bydd hi'n aros yn yr Ysgol Uchaf am ddwy neu dair blynedd. Wedyn efallai bydd hi'n cael ei dewis i'r cwmni. Bydd staff y cwmni wedi gwylio Natalie'n ofalus wrth iddi hyfforddi. O'r 25 o ferched yn y dosbarth, efallai mai dim ond 5 fydd yn cael eu dewis i'r cwmni sydd ynghlwm wrth yr ysgol. Bydd y lleill yn ceisio am le gyda chwmnïau eraill yn Ewrop a thu hwnt.

Diwrnod Natalie

Weithiau mae'n drueni nad ydw i'n dal yn yr Ysgol Isaf, yn lle gorfod byw yn y fflat lle does neb arall yn golchi'r llestri. Mae bywyd yn anodd yn yr Ysgol Uchaf. Mae'r diwrnod yn llawn ac yna rhaid siopa, coginio a golchi ein dillad ein hunain – bron fel bod i ffwrdd ar daith gyda'r cwmni.

Dw i'n hwyr!

Roedd Anna a minnau'n hwyr i ddosbarth naw y bore 'ma – fe anghofion ni osod y larwm. Gwestai o'r cwmni oedd yr athro a doedd e ddim yn hapus iawn. Yna fe fuon ni'n gwneud *pas de deux* am awr a dechrau dysgu sut i wneud plymiad pysgodyn. Roedd hyn yn eithaf doniol – roedd nifer ohonon ni ar y llawr erbyn y diwedd. Roedd Jamie, fy mhartner, yn gwneud i mi chwerthin o hyd ond fe lwyddon ni erbyn y diwedd.

Ar ôl cinio cawson ni ddosbarth coluro ac yna ar ddiwedd y dydd, repertoire am awr arall. Mae'r merched yn dysgu gwaith *corps de ballet* – Walts yr Eirlysiau (*Snowflakes Walz*) o *The Nutcracker*, a'r bechgyn yn dysgu unawd Cola o *La Fille mal Gardée*, yr un gyda'r holl droi cymhleth. Pan fyddwn ni'n gwybod *The Nutcracker* yn dda, fe gawn ni wylio ymarferion y cwmni. Yna, os bydd dawnswraig yn sâl neu'n cael anaf, fe allen ni fynd ar y llwyfan yn ei lle hi. Mae pawb yn gobeithio cael lle yn y cwmni, ond ychydig iawn sy'n llwyddo.

ein plymiad pysgodyn cyntaf

Er fy mod i'n hoffi'r hen fales, dw i'n mwynhau'r rhai mwy newydd hefyd. Fe gawson ni weithdai yn yr ysgol isaf ar sut i wneud bales, ac fe benderfynais i'r pryd hwnnw fy mod i eisiau bod yn goreograffydd. Rwy'n gwneud darn newydd ar gyfer perfformiad stiwdio a buodd Jamie, Helen a finnau'n gweithio arno drwy'r noson. Dw i'n gallu gweld y stepiau i gyd yn fy nychymyg, ac mae'n rhwystredig iawn pan nad ydyn nhw'n llwyddo i'w gwneud nhw'n iawn. Maen nhw'n gofyn o hyd am beth mae'r darn, ond does dim stori. 'Cwmni Dau'

dosbarth coluro

yw'r enw dw i wedi'i roi iddo fe. Mae'r gerddoriaeth yn help mawr. Mae myfyriwr cerddoriaeth wedi'i hysgrifennu'n arbennig, mae'n uchel iawn gyda syntheseiddwyr electronig ac effeithiau rhyfedd.

Ar ôl yr ymarfer, cerddodd Helen a minnau adref. Roedd hi wedi naw, felly prynon ni bitsa enfawr ar y ffordd. Rhaid cofio gosod y larwm!

gwely'n gynnar, codi'n gynnar

ymarfer

Gwaith tîm

Wrth i'r dawnswyr ymarfer yn y stiwdio ymarfer, mae cannoedd o bobl eraill yn brysur yn y gweithdai gwisgoedd a setiau, ym mhydew'r gerddorfa a swyddfeydd y theatr. Mae angen tipyn o waith tîm i lwyfannu bale.

1 Y Cyfarwyddwr sy'n rhedeg y cwmni. Mae'n gwylio yr ymarfer stiwdio olaf o gynhyrchiad newydd o'r Llyn Elyrch.

2 Mae'r coreograffydd wedi gwneud rhai newidiadau i'r coreograffi gwreiddiol. Mae'n gwneud yn siŵr fod safle'r grŵp yn gywir.

3 Mae'r nodiannydd yn cofnodi'r coreograffi gan ddefnyddio symbolau fel nodiant cerddoriaeth.

4 Mae'r cyfeilydd yn chwarae fersiwn i'r piano o'r sgôr llawn i'r gerddorfa.

5 Mae'r arweinydd yn gwylio rhai o'r ymarferion terfynol er mwyn gwybod pa mor gyflym neu araf yw'r gerddoriaeth.

6 Mae meistres y bale, cyn ddawnswraig, yn gyfrifol am y *corps de ballet* ac yn helpu'r dawnswyr i gadw mewn trefn.

7 Mae meistr y bale'n cymryd rhai ymarferion ac yn cynhyrchu trefn ymarferion.

8 Mae'r dirprwyon yn gwylio a dysgu. Mae sawl set o ddawnswyr ar gyfer pob bale. Maen nhw'n cymryd eu tro i berfformio.

9 Mae unawdydd yn ymarfer *attitude* wrth y barre. Mae hi'n un o'r Elyrch Mawr yn Act II.

10 Mae von Rothbart, gŵr drwg Y Llyn Elyrch, yn aros i ddod i mewn.
11 Mae dawnswraig yn cywiro ei hesgid – *coryphée* neu unawdydd ifanc yw hi. Bydd hi'n perfformio Dawns yr Elyrch Bychain gyda thair arall.
12 Rhaid i'r corps de ballet gadw'r llinell heb newid eu safle.

13 Cyn brif ddawnsiwr yw'r *répétiteur* sydd nawr yn hyfforddi'r prif ddawnswyr.
14 Mae'r brif ddawnswraig, neu'r *prima ballerina*, yn dawnsio dwy rôl – Odette ac Odile.
15 Mae'r prif ddawnsiwr, neu *premier danseur*, yn chwarae rhan y Tywysog Siegfried. Artist gwadd o gwmni arall yw e.

CREU BALE

Mae bale'n gyfuniad o ddawnsio, cerddoriaeth, set, gwisgoedd a golau. Felly mae bale newydd yn ffrwyth partneriaeth glòs rhwng nifer o bobl. Yn gyntaf, y coreograffydd, sy'n cael y syniad am y bale ac yn dyfeisio'r stepiau. Mae e'n cydweithio'n agos â'r cyfansoddwr, sy'n ysgrifennu'r gerddoriaeth neu'n creu cynllun sain. Wedyn mae dylunwyr y set, y gwisgoedd a'r golau. Nhw sy'n penderfynu sut bydd y bale'n edrych ar y llwyfan. Gall bales clasurol, fel Y Llyn Elyrch, gael set a gwisgoedd newydd.

▲ Y Dosbarth Dawnsio gan Edgar Degas – mae'n dangos bod dawnswragedd yn arfer ymarfer mewn tutus, nid mewn gwisgoedd ymarfer.

25

Y cyfansoddwr a'r coreograffydd

Gall chwedlau, barddoniaeth, dramâu, a'r Beibl ysbrydoli coreograffydd i greu bale. Caiff y syniadau hyn eu mynegi mewn symudiadau wedi'u llunio gan gerddoriaeth. Gall coreograffydd gomisiynu cerddoriaeth newydd gan gyfansoddwr hefyd. Mae cerddoriaeth bale fodern weithiau'n defnyddio offerynnau electro-acwstig a seiniau anarferol i greu'r effaith.

Pyotr Ilyich Tchaikovsky (1840-1893)

Cyfansoddwr

Ysgrifennodd Tchaikovsky gerddoriaeth delynegol a dramatig ar gyfer Bale Ymerodrol Rwsia, gan gynnwys campweithiau fel Y Llyn Elyrch, y Rhiain Gwsg a The Nutcracker. Byddai'r coreograffydd Marius Petipa'n rhoi nodiadau manwl i Tchaikovsky, gan nodi nifer y bariau o gerddoriaeth roedd eu hangen ar gyfer pob meim neu gyfres o stepiau.

Coreograffydd

Astudiodd Marius Petipa gyntaf gyda'i dad ac yna gydag Auguste Vestris yn Bale Opéra Paris. Daeth yn Feistr y Bale yn St Petersburg yn 1869. Ei waith enwocaf yw Y Llyn Elyrch, y Rhiain Gwsg a Yr Efail Gnau. Mae golygfeydd cymhleth i'r *corps de ballet* ynddyn nhw, a *divertissements* gwefreiddiol gyda stepiau anodd.

Marius Petipa (1818-1910)

Sgôr y gerddorfa a nodiant y dawnsio ar gyfer Y Llyn Elyrch

Weithiau bydd coreograffydd wedi clywed cerddoriaeth sy'n addas i fale. Drwy wrando arno'n aml, mae'n dechrau dychmygu darluniau ar y llwyfan. Mae nodiannydd y cwmni'n cydweithio â'r coreograffydd, gan nodi'r stepiau.

Daeth Serge Diaghilev â chyfansoddwyr a choreograffwyr at ei gilydd i wneud sawl bale newydd, gan synnu a rhyfeddu'r gynulleidfa. Bu ei gwmni, *Ballets Russes de Serge Diaghilev*, yn perfformio o 1909 i 1929, gan droi'r rhamant a'r chwedlau tylwyth teg hen ffasiwn yn emosiynau modern a llachar eu lliw.

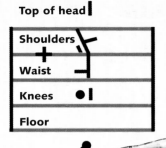

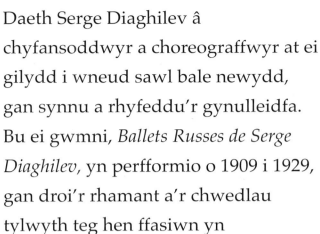

▲ Dyma nodiant Benesh ar gyfer *grand jeté* o *La Bayadère*, bale Petipa am gariad rhyfelwr Indiaidd ifanc at ddawnswraig mewn teml.

Nodiant yw'r ffordd o ysgrifennu stepiau bale. Mae dull o'r enw *labanotation* yn cael ei ddefnyddio yn UDA i gofnodi unrhyw symudiadau, nid dawns yn unig. Dyma enghraifft o'r system arall, nodiant Benesh. Mae dawnswyr hefyd yn defnyddio fideo i'w helpu i ddysgu a chofio'r stepiau.

▼ Diaghilev yn gwylio ymarfer o *Le Tricorne* (Yr Het Dri Chornel), drama wedi'i lleoli yn Sbaen am felinydd a'i wraig.

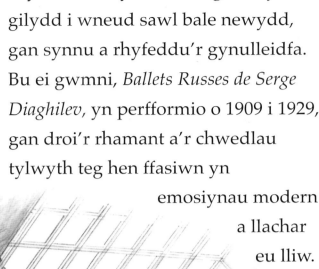

Mae'r coreograffydd Léonide Massine yn gweithio gyda Tamara Karsavina, un o falerinas mwyaf y *Ballets Russes*, a Leon Woizikowsky, dawnsiwr gwych. Mae'r cyfansoddwr Manuel de Falla wrth y piano ac mae'r arlunydd Pablo Picasso wedi dod â'i ddyluniadau. Roedden nhw i gyd yn dwlu ar brydferthwch a dirgelwch Sbaen: dysgodd Massine sut i ddawnsio flamenco er mwyn gwella'r coreograffi.

Y Dylunydd

Rhaid i ddylunydd allu defnyddio lliw, gwead a phersbectif yn ddychmygus. A hefyd rhaid iddo fod yn bensaer a pheiriannydd. Mae gan rai setiau falconi, ffenestri a grisiau, ac mae eraill yn defnyddio peirianwaith i symud setiau. Rhaid i'r setiau fod yn hawdd i griw'r llwyfan eu newid rhwng pob act a hawdd eu llwytho i lorïau os yw'r cynhyrchiad yn teithio. Yn bwysicach na dim, rhaid i gynllun y llwyfan a'r goleuadau helpu'r gynulleidfa i fynd i fyd arall wrth wylio'r bale.

1 Y dylunydd
Mae'r dylunydd yn siarad â'r coreograffydd pan gaiff bale newydd ei gynllunio. Yna mae'n tynnu darluniau manwl o bob golygfa yn y bale.

▲ **Dyluniad Opéra Paris ar gyfer Act II, Y Llyn Elyrch, gan Bouchène**

2 Y model
Mae'r darluniau'n cael eu troi'n fodelau wrth raddfa o bob golygfa, gyda dodrefn bach.

Model ar gyfer Act III, Y Llyn Elyrch

◄ **Cefnlen ar gyfer Act II a IV, Y Llyn Elyrch**

3 Y gefnlen
Mae'r arlunwyr golygfeydd yn defnyddio grid i drosglwyddo eu cynlluniau i'r cefnlenni lliain sy'n cael eu peintio naill ai'n wastad ar y llawr neu wedi'u hongian mewn gweithdy.

Mae'r dylunydd goleuo'n dod â mwy o naws i'r cynhyrchiad, gan ddefnyddio goleuadau lliw, goleuadau cylch ac effeithiau arbennig. Caiff ei gynlluniau goleuo eu rhoi ar raglen gyfrifiadur a bydd technegydd yn ei defnyddio yn ystod pob perfformiad mewn ystafell reoli yng nghefn awditoriwm y theatr.

4 Y set

Mae'r dylunydd yn cadw llygad barcud ar y gweithdai wrth i'r set gael ei adeiladu. Mae seiri medrus yn gwneud y set, gan gynnwys y darnau sy'n sefyll wrth ochr y llwyfan. Maen nhw'n dechrau gweithio wythnosau cyn y perfformiad cyntaf.

5 Y goleuadau

Rig yw'r enw ar y goleuadau eu hunain, a rhaid eu gosod yn eu lle cyn pob perfformiad. Maen nhw'n cael eu gosod ar ysgubau ar yr ochr, neu'n cael eu hongian wrth faryn uwchben y llwyfan. Mewn ymarfer technegol, ar ôl i'r set gael ei rhoi yn ei lle, mae'r effeithiau goleuadau am bob golygfa'n cael eu creu – mae'r dylunydd yn cyfarwyddo'r ymarfer o ddesg oleuo yn yr awditoriwm.

Mae technegydd yn newid tryloywder sy'n newid lliw lamp wen. Mae caeadau'r lamp yn cael eu symud i newid faint o olau sy'n dod allan.

Celfi

Gwrthrychau i'r dawnswyr eu defnyddio yn eu dwylo ar y llwyfan yw'r celfi, neu props. Maen nhw'n cael eu gwneud yng ngweithdai'r cwmni. Gall celfi fod wedi'u gwneud o bren, lliain, mwydion papur neu resin acrylig. Maen nhw'n aml yn llawer ysgafnach na'u golwg ond rhaid iddyn nhw fod yn anodd eu treulio gan fod pob bale newydd yn gallu para am nifer o flynyddoedd.

La Fille mal Gardée: ymbarél a thusw blodau Alain

Sinderela: ysgub

Y Llyn Elyrch: gobled

Romeo a Juliet: cleddyf

Yr Efail Gnau: doli'r efail gnau

Y Rhiain Gwsg: gwerthyd

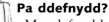

Gwisgoedd a cholur

Y dylunydd gwisg-oedd sy'n gyfrifol am ddillad, hetiau, esgidiau, wigiau, gemwaith a cholur hefyd yn aml iawn. Efallai bydd angen 300 o wisgoedd ar gyfer bale llawn. Mae'r dylunydd yn darlunio a lliwio braslun i bob un. Hefyd mae'n awgrymu pa fath o ddefnyddiau fel les, secwinau neu gleiniau all gael eu defnyddio. Weithiau bydd darnau o ddefnydd yn cael eu styffylu wrth y braslun cyn iddo fynd i'r gweithdai.

Gwisg Nijinsky yn Petrushka, wedi'i dylunio gan Alexandre Benois ar gyfer Ballets Russes Diaghilev

Pa ddefnydd?
Mae defnydd yn edrych yn wahanol o dan oleuadau llwyfan, i'w olwg yng ngolau dydd. Mae'r bobl sy'n gwneud y gwisgoedd yn gwybod pa ddefnyddiau sy'n edrych orau. Weithiau rhaid lliwio'r defnydd i gael y lliw cywir, a bydd gwisgoedd newydd yn cael eu 'treulio' â phaent, fel dillad carpiog Sinderela.

Torri
Gall gymryd diwrnod a hanner i wneud tutu. Yn gyntaf bydd patrymau'n cael eu marcio â sialc ar y defnydd. Wedyn bydd gwniyddesau medrus yn eu torri allan.

Gwnïo
Bydd y wisg yn cael ei gwnïo'n fras â llaw, ac yna â pheiriant. Fel arfer bydd manion eraill yn cael eu gwnïo â llaw.

Ffitio
Mae'r wisg yn cael ei ffitio cyn ei gorffen yn iawn a rhaid gwneud newidiadau. Mae label yn cael ei wnïo ar y wisg ac enw'r dawnsiwr arno. Gall pob gwisg bara sawl blwyddyn a chael ei gwisgo gan nifer o ddawnswyr.

◀ **Tutu Odile, Y Llyn Elyrch**

Cywiro dillad

Pan ddawnsiodd Vaslav Nijinsky yn *Le Spectre de la Rose* gan Fokine yn 1911, roedd petalau pinc tywyll wedi'u gwnïo ar ei wisg i awgrymu ysbryd y rhosyn. Roedd rhaid cywiro'r wisg o hyd gan fod edmygwyr y dawnsiwr gwych hwn yn mynd â'r petalau i gofio am y perfformiad.

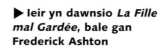

▶ Ieir yn dawnsio *La Fille mal Gardée*, bale gan Frederick Ashton

▼ Gwisg ar gyfer Jeremy Fisher yn *Tales of Beatrix Potter* gan Frederick Ashton

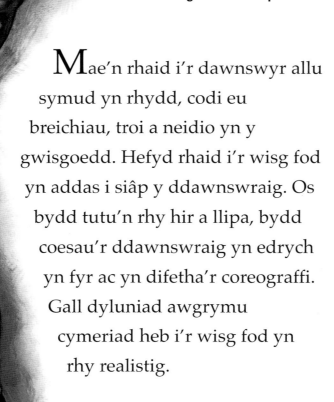

◀ Dyluniodd Ian Spurling wisgoedd lliwgar a doniol i fale Kenneth MacMillan, *Elite Syncopations*, sydd wedi'i osod i gerddoriaeth ragtime Scott Joplin.

Colur

Odette
O dan olau cryf y llwyfan, mae wynebpryd dawnswyr yn diflannu os nad yw'r colur yn eithaf trwm.

Siegfried
Mae dynion yn gwisgo colur hefyd.

Von Rothbart
Mae dewin cas Y Llyn Elyrch yn gwisgo colur lliwgar a dramatig.

Mae'n rhaid i'r dawnswyr allu symud yn rhydd, codi eu breichiau, troi a neidio yn y gwisgoedd. Hefyd rhaid i'r wisg fod yn addas i siâp y ddawnswraig. Os bydd tutu'n rhy hir a llipa, bydd coesau'r ddawnswraig yn edrych yn fyr ac yn difetha'r coreograffi. Gall dyluniad awgrymu cymeriad heb i'r wisg fod yn rhy realistig.

Dyddiadur dawnswraig

Alla i ddim credu pa mor gyflym mae pethau wedi digwydd. Un diwrnod ro'n i'n meddwl mai yn y *cors de ballet* fyddwn i am byth; y diwrnod nesaf ro'n i wedi cael y brif rôl mewn bale hyd llawn. Roedd y coreograffydd yn chwilio am rywun newydd ac wedi mwynhau fy ngweld yn dawnsio. Ers hynny, mae rhai pethau wedi newid yn llwyr a phethau eraill yn union fel roedden nhw.

"Fel hyn..."

Dosbarth fel arfer!

Er enghraifft, bob bore am hanner awr wedi deg mae gen i ddosbarth am awr a hanner. Mae'r athrawes yn dal i gywiro'r camgymeriadau, felly fydda i byth yn meddwl 'mod i'n well na phawb arall! Ar hyn o bryd rwy'n gweithio ar droi'n llyfn wrth symud ar draws y llwyfan *en diagonale*. Ar ôl y dosbarth rwy'n ymarfer drwy'r dydd. Mae gen i lawer o rannau newydd i'w dysgu: Juliet a Sinderela eleni, Aurora a Giselle y flwyddyn nesaf. Weithiau rwy'n ymarfer unawdau neu *pas de deux*, ar adegau eraill rwy'n ymarfer gyda'r cwmni i gyd, naill ai yn y stiwdio neu ar y llwyfan. Rwy'n ffodus iawn achos bod y *répétiteurs* sy'n fy hyfforddi fel arfer yn ddawnswyr enwog eu hunain. Rhaid ffitio gwisgoedd yn aml nawr, a phob wythnos rwy'n casglu fy esgidiau pointe newydd ac yn eu paratoi. Rwy'n defnyddio cymaint y dyddiau hyn – o leiaf dri phâr yr wythnos – felly rwy'n teimlo mai dim ond gwnïo rhubanau rwy'n ei wneud!

Rhaid cofio bwyta hefyd, fel arfer salad a ffrwythau i ginio, rhywbeth i roi egni i mi cyn y sioe, a rhywbeth mwy sylweddol wedyn. Efallai yr af i gyda fy ffrindiau i gael pasta a fy hoff bwdin. Oherwydd fy mod i'n un o'r prif ddawnswyr nawr, dim ond unwaith neu ddwywaith yr wythnos rwy'n perfformio ar y llwyfan. Ar y nosweithiau eraill efallai yr af i i'r theatr neu i weld ffilm – rwy'n dysgu cymaint o wylio eraill yn perfformio.

rhan newydd

Rwy'n enwog!

Pan o'n i'n dawnsio rhan y dylwythen – *Sugar Plum Fairy* yn Yr Efail Gnau y Nadolig diwethaf, ces i gyfweliad ar raglen deledu i blant ac fe atebais gwestiynau dros y ffôn am fale. Yna, pan ddes yn brif ddawnswraig, roedd nifer o bapurau newydd eisiau cyfweliad.

Mae newyddiadurwyr bob amser yn gofyn a ydw i'n nerfus cyn perfformiad. Wrth gwrs 'mod i, fel pawb arall! Ond ar ôl gweld y gynulleidfa a dechrau dawnsio rwy'n anghofio popeth. Nawr mae pawb eisiau fy ngweld i! Bues i'n modelu dillad i ddylunydd ffasiwn ym Mharis ac mae ffotograffydd wedi bod yn tynnu lluniau ohono i ar gyfer llyfr newydd am fale.

gyda'r ffisiotherapydd

Stars and Stripes

Anaf

Ond dydy pethau ddim yn fêl i gyd. Y llynedd torrais asgwrn a chymerodd lawer o amser i wella. Ro'n i'n casáu methu dawnsio ond o leiaf fe ges amser i ateb llythyrau gan bobl sydd wedi mwynhau fy ngweld yn dawnsio. Diolch i ffisiotherapydd y cwmni, rwy' bellach yn holliach.

Mynd ar daith

Rwy'n falch na chollais daith y cwmni i Japan a Korea. Roedd rhaglen o dri bale byr gyda ni: *Les Sylphides, Les Patineurs a Danses Concertantes*. Pan fyddwn ni'n cyrraedd theatr wahanol, does dim amser i gael ymarfer llawn ar y llwyfan fel arfer. Yn lle hynny, mae'r corps de ballet yn gweld sut maen nhw'n ffitio ar y llwyfan newydd. Maen nhw'n esgus dawnsio ond dim ond cerdded drwy'r symudiadau maen nhw. Mae'r prif ddawnswyr hefyd yn cerdded drwy'r stepiau ar y llwyfan, heb gerddoriaeth – 'marcio' yw'r enw ar hyn. Ar y daith rydyn ni'n aml yn dathlu'r noson gyntaf – mae'n braf cwrdd ag aelodau o'r gynulleidfa a siarad â nhw am y perfformiad. Yna 'nôl â ni i'r gwesty i olchi ein dillad ymarfer yn barod i'r dosbarth yn y bore.

Dawnsio yn UDA

Rwy wedi cael cais i fod yn artist gwadd gydag un o'r cwmnïau bale gorau yn UDA. Maen nhw eisiau i mi ddawnsio yn *Stars and Stripes* gan Balanchine, gyda cherddoriaeth gorymdeithio Sousa.

Dydy *Stars and Stripes* ddim yn rhan o'n repertoire ni. Felly bydd rhaid i mi ymarfer gyda nhw. Bydd un perfformiad arbennig i Arlywydd America. Rwy'n siŵr y caf i groeso cynnes. Yna 'nôl â fi i Lundain ac yn syth i'r dosbarth, i wella'r *pirouettes*! Dim amser i ymlacio!

llen-alwad

PERFFORMIO

Mae goleuadau euraid yn disgleirio yn yr awditoriwm. Mae llenni trwm y llwyfan ynghau. Mae pobl yn siarad yn dawel a darllen eu rhaglenni. Bob hyn a hyn, daw chwa o gerddoriaeth wrth i'r cerddorion baratoi ym mhydew'r gerddorfa. Mae'r goleuadau'n pylu a phob dim yn tawelu. Daw'r arweinydd i mewn a chamu ar y podiwm. Mae'n codi'r batwn – a'r gynulleidfa fel petai'n dal ei hanadl. Yna mae'r gerddorfa'n chwarae'r agorawd, cerddoriaeth fywiog sy'n gosod yr olygfa. Mae pawb yn gwrando. Yn sydyn mae'r llenni'n codi a'r llwyfan yn llawn symud, lliw a golau.

Saith oed oedd Rudolf Nureyev pan welodd fale am y tro cyntaf. Roedd ei deulu'n dlawd iawn, a dim ond un tocyn gallai ei fam ei fforddio. Aeth hi â Rudolf a'i dair chwaer i'r theatr ganol gaeaf oer yn Rwsia. Pan oedd pobl yn rhuthro i'r theatr cyn i'r perfformiad ddechrau, sleifiodd y teulu cyfan i mewn. Byddai'r profiad yn newid ei fywyd.

"Fyddaf i byth yn anghofio un manylyn o'r olygfa welais i: y theatr ei hun â'i goleuadau meddal hardd a'r canwyllbrennau crisial yn disgleirio; llusernau bychain yn hongian ym mhobman; ffenestri lliw; melfed ac aur ym mhobman – byd arall oedd fel petai'n dod o stori tylwyth teg. Ro'n i wedi fy swyno. Dyna pryd penderfynais fy mod i eisiau bod yn ddawnsiwr bale."
(Nureyev)

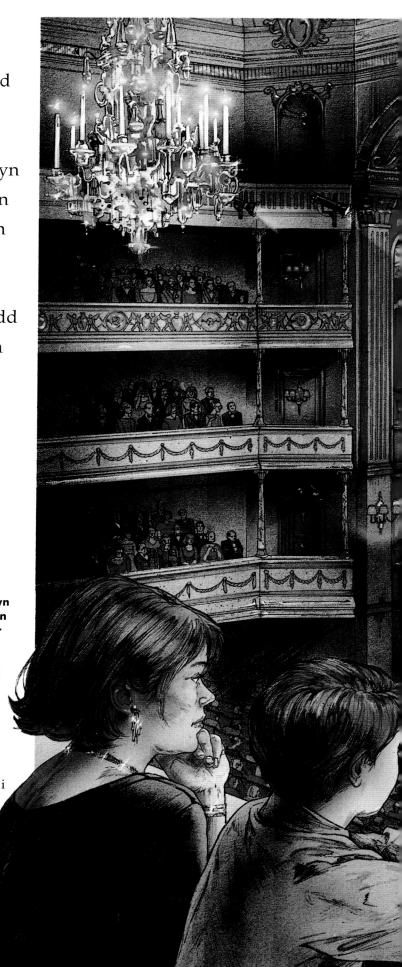

Act III Y Llyn Elyrch

Mae'r gwalch von Rothbart a'i ferch, Odile, yn cyrraedd y ddawns, yn benderfynol o dwyllo'r Tywysog Siegfried. Mae Odile wedi gwisgo fel Odette, Tywysoges yr Elyrch y mae Siegfried wedi addo ei phriodi.

Rheolwr y llwyfan sy'n rhedeg pob dim. Mae'n galw'r dawnswyr o'r ystafelloedd newid i'r llwyfan, ac yn cydweithio â chriw'r llwyfan a staff blaen y tŷ i wneud yn siŵr fod popeth yn rhedeg yn esmwyth.

Mae'r ddesg oleuo fel arfer ym mlaen y tŷ, yng nghefn yr awditoriwm. Mae technegwyr yn cadw cysylltiad â chriw cefn y llwyfan drwy system sain a sgriniau teledu.

Codi'r llenni

 Mae'r perfformiad wedi dechrau a phawb wrthi fel lladd nadroedd y tu cefn i'r llwyfan, fel bod y perfformiad yn ymddangos yn gwbl ddiymdrech.

Yn y pydew

Mae'r arweinydd yn defnyddio'r batwn i ddangos curiad y gerddoriaeth i'r gerddorfa ac i'w helpu i gydchwarae. Rhaid iddo hefyd wylio'r dawnswyr ar y llwyfan yn ofalus.

Yn ystod yr egwyl, gall y gynulleidfa ymlacio, sgwrsio am y bale a darllen eu rhaglenni. Y tu cefn i'r llwyfan yn yr ystafelloedd newid, mae'r dawnswyr yn newid gwisgoedd, esgidiau a wigiau'n sydyn rhwng golygfeydd.

Mae'r wisgwraig yn ystafell newid y brif ddawnswraig, yn edrych dros y wisg fydd ganddi i chwarae rhan Odette yn yr act nesaf.

Yn yr esgyll, mae dawnswraig yn cael ei gwynt ati. Mae'r ddawnswraig arall yn gweld bod ei hesgidiau'n iawn cyn mynd i'r llwyfan fel y weledigaeth o Odette yn ffenestr y neuadd ddawns.

Mae technegwyr y llwyfan yn gyfrifol am sain, goleuo, golygfeydd, celfi ac effeithiau arbennig. Efallai bydd angen tîm o 100 o bobl ar theatr fawr.

Y tu ôl i'r llenni

Mae angen cynllunio o flaen llaw cyn llwyfannu bale, weithiau bum mlynedd cyn y perfformiad cyntaf. Felly, wrth i un bale gael ei berfformio, mae paratoadau ar y gweill yn barod ar gyfer y cynhyrchiad nesaf. Mewn theatr fawr fel y Met, dydy'r gwaith byth yn dod i ben.

1 Mae posteri'n hysbysebu'r Llyn Elyrch a pherfformiadau eraill. Mae'r adrannau marchnata a'r wasg yn dylunio rhaglenni, posteri a thaflenni i hyrwyddo'r perfformiadau.
2 Y cyntedd neu'r fynedfa lle mae'r gynulleidfa'n ymgasglu.
3 Mae bariau a thai bwyta'n gwerthu bwyd a diod.
4 Mae 3,800 o seddi yn yr awditoriwm ar bedair lefel, a lefel i'r gerddorfa.
5 Ystafell ymarfer bale.
6 Swyddfeydd – gweinyddu, y wasg a marchnata.
7 Mae pydew'r gerddorfa'n dal hyd at 110 cerddor a gellir ei godi i lefel y llwyfan ar gyfer cyngherddau.
8 *Y corps de ballet.*
9 Y prif ddawnswyr, Siegfried ac Odette.
10 Mae golau cylch yn cael ei symud gan y technegydd goleuo i ddilyn y prif ddawnswyr â phwll

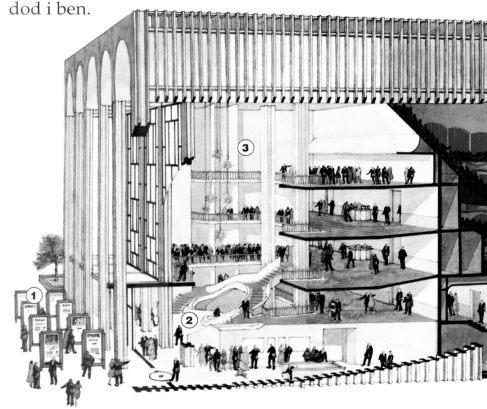

Y Met
Mae'r Tŷ Opera 'Metropolitan' wedi bod yn Efrog Newydd ers 1883. Agorodd Tŷ Newydd yng Nghanolfan Lincoln yn 1966, ac mae'n llwyfannu opera a bale.

I roi syniad i chi am faint y Met, y bwa sy'n ffrâm i'r llwyfan yw'r uchaf yn y byd – 16.45m o uchder. Mae angen tîm mawr o bobl i redeg theatr o'r maint yma – mae'r Met yn cyflogi tua 1,000 o bobl.

Mae desg y rheolwr llwyfan ar un ochr i'r llwyfan. Mae sgriniau teledu'n dangos y llwyfan a'r arweinydd. Mae system sain yn galw'r dawnswyr i'r llwyfan, ac yn cadw cysylltiad â staff blaen y tŷ a'r technegwyr.

bychan o olau. Allwn ni mo'i weld yma, ond mae'r bwth rheoli goleuo a sain yng nghefn yr awditoriwm ar lefel y gerddorfa.

11 Llenni'r llwyfan.

12 Y prosceniwm.

13 Caiff goleuadau eu hongian o bedair pont ddur uwchben y llwyfan. Mae'r pontydd hyn yn ddigon mawr i ddal y technegwyr sy'n newid y goleuadau.

14 Caiff y gefnlen ei hongian o frig y llwyfan.

15 Mae'r gefnlen ar gyfer Act III yn barod i gael ei gostwng i newid yr olygfa yn ystod yr egwyl.

16 Ar bob ochr i'r llwyfan, mae pum oriel ar gyfer goleuo a newid golygfeydd.

17 Mae system brig y llwyfan yn defnyddio dros 100 astell o diwbin dur i

hongian y cefnlenni a'r golygfeydd. Caiff ei reoli'n electronig. Mae theatrau hŷn yn defnyddio pwysau a phwlïau a mwy o nerth bôn braich.

18 Mae'r prif lwyfan yn 30m o led a 25m o ddyfnder. Mae iddo saith platfform hydrolig ac mae modd eu codi a'u gostwng ar wahân.

19 Llwyfan cefn, gyda

phlatfform 18m o ddiamedr sy'n troi.

20 Y Llwyfan de, lle mae modd gosod set yr act nesaf neu ar gyfer cynhyrchiad arall a'i lithro i'w le. (Mae'r llwyfan chwith ar ochr draw'r llwyfan).

21 Set Act I.

22 Mae lle i bedair lori ar y tro yn y doc llwytho, i lwytho neu ddadlwytho setiau.

23 Ystafell ymarfer yr opera.

24 Yn ystafell wisgo'r corws, mae man gyda drych i bob person cael coluro.

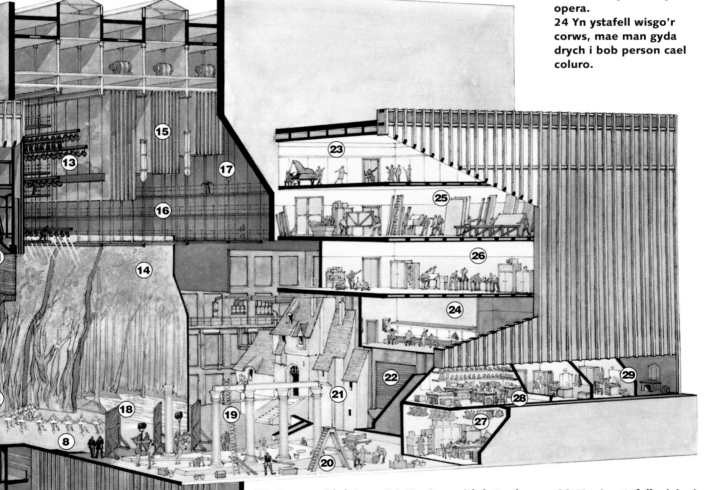

25 Mae gweithdy'r seiri'n gwneud setiau a chelfi. Mae'r setiau'n cael eu peintio mewn man arall, y siop beintio. Yna maen nhw'n mynd mewn lifft i'w cadw mewn ystafell o dan y ddaear.

26 Mae'r gweithdy trydan yn gwneud y gwaith metel trwm i'r setiau a'r celfi, ac yn cynnal a chadw offer goleuo, sain ac electronig.

27 Mae ystafell gwisgoedd i gadw a chywiro'r gwisgoedd ar gyfer y cynhyrchiad presennol.

28 Mae'r ystafell wigiau'n rhan o'r siop wisgoedd, lle caiff gwisgoedd newydd eu gwneud, eu haddurno a'u ffitio.

29 Mae ystafell wisgo gan bob un o'r prif ddawnswyr gyda chawod, soffa, piano a system sain wedi'i chysylltu â desg y rheolwr llwyfan.

Gam wrth gam

Gwyliwch am y patrymau mae'r stepiau'n eu gwneud. Maen nhw'n cael eu hailadrodd sawl gwaith, neu bydd un dawnsiwr yn dawnsio step a'r llall fel petai'n ei ateb, fel sgwrs. Weithiau bydd grŵp o ddawnswyr yn perfformio cyfres o stepiau gyda'i gilydd, tra bydd yr unawdydd yn dawnsio cyfres wahanol neu wrthbwynt. Mae'r un step yn gallu cael ei dawnsio mewn sawl ffordd. Mae'r holl ffyrdd gwahanol yn rhyw fath o eirfa dawnsio, i'w defnyddio gan y coreograffydd.

HEB EIRIAU

Efallai bydd pobl sy'n mynd i weld bale am y tro cyntaf yn poeni a fyddan nhw'n ei ddeall. Ond ar ôl i'r llenni godi, maen nhw'n gyffro i gyd. Mae'r rhan fwyaf o'r bales hŷn, fel y Llyn Elyrch, yn adrodd straeon. Mae actio, meim a golygfeydd i grwpiau mawr yn helpu i symud y stori yn ei blaen. Mae rhai bales heb stori ond yn lle hynny, mae thema neu syniad eglur.

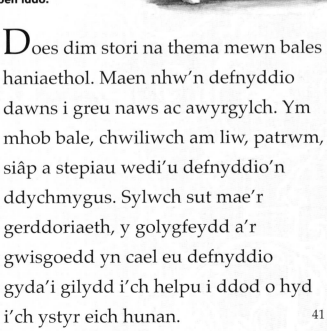

▶ Bale Rhamantaidd yw Les Sylphides, ond Michel Fokine wnaeth y coreograffi a chafodd ei berfformio gyntaf yn 1909. Bale gyda thema ond heb stori yw hi. Mae wedi'i lleoli yng ngolau'r lleuad ger capel wedi mynd â'i ben iddo.

Does dim stori na thema mewn bales haniaethol. Maen nhw'n defnyddio dawns i greu naws ac awyrgylch. Ym mhob bale, chwiliwch am liw, patrwm, siâp a stepiau wedi'u defnyddio'n ddychmygus. Sylwch sut mae'r gerddoriaeth, y golygfeydd a'r gwisgoedd yn cael eu defnyddio gyda'i gilydd i'ch helpu i ddod o hyd i'ch ystyr eich hunan.

Bale modern bywiog yw Danses Concertantes gan y coreograffydd Kenneth MacMillan i gerddoriaeth gan Stravinsky. Does dim stori neu thema, ond mae'r symudiadau anarferol yn dilyn y gerddoriaeth i greu bale ddoniol a hwyliog. Yn y cynhyrchiad hwn, mae'r dylunydd Ian Spurling yn cyfleu pwll dŵr.

Creu naws a symudiadau

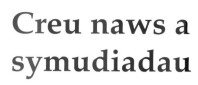

I'ch helpu i gael mwy o fwynhad wrth wylio bale, gofynnwch gwestiynau i'ch hunan. Ydy'r dawnswyr yn symud â stepiau teithio ar draws y llwyfan ar eu pennau eu hunain, neu â stepiau bychan twt mewn grŵp mawr? Ydyn nhw'n defnyddio stepiau sydyn neu symudiadau sy'n ymestyn yn hir ac araf? Beth mae'r symudiadau a'r grwpiau hyn yn ei ddweud wrthon ni?

Hwyl

Mae bale Frederick Ashton, The dream, wedi'i seilio ar ddrama Shakespeare, Breuddwyd Nos Gŵyl Ifan.

Mae Puck yn defnyddio stepiau ysgafn a sydyn. Yma, mae'n troi cledrau ei ddwylo i fyny'n ddrygionus a blaen ei droed prin yn cyffwrdd â'r llawr.

Llawenydd

Yn fersiwn Kenneth MacMillan o ddrama Shakespeare, mae Romeo a Juliet yn dawnsio *pas de deux* yn hapus yn yr ardd o dan falconi Juliet. Mae hi'n ymddiried ynddo i'w chynnal wrth iddo ei dal i fyny.

Gallwch hefyd ddefnyddio'r cliwiau o'r gerddoriaeth, y gwisgoedd, y set a'r goleuo. Ydy'r llwyfan yn dywyll ac yn llawn dirgelwch neu ydy e'n olau a disglair? Beth mae gwisgoedd y dawnswyr yn ei ddweud am eu cymeriad neu eu teimladau? Ydy'r gerddoriaeth yn pwysleisio'r symudiad neu'n gwrthgyferbynnu ag ef? Sut ydych chi'n teimlo wrth wylio?

Ofn

Mae'r Tywysog Ivan yn dal yr Eurgeg yn *The Firebird* gan Fokine. Mae'n ei dal yn dynn rhag i'w hadenydd symud wrth iddi geisio dianc. Mae'n edrych yn ofnus arno dros ei hysgwydd. Yn aml bydd safleoedd lle mae'r coesau neu'r breichiau wedi'u croesi ac yn troi am i mewn yn dangos ofn neu dristwch. Ond mae safleoedd agored yn dangos hapusrwydd neu ymddiriedaeth.

Tristwch

Mae Petrushka, y pyped trist yn penlinio gan godi'i ysgwyddau a chroesi'i ddwylo. Mae wedi troi ei ben ac mae'i lygaid yn edrych yn anobeithiol tuag i fyny.

Meim o Giselle

Mae ystumiau'n help i ddweud y stori:

1 Giselle, Act I: "Rwy'n gallu clywed Albrecht yn dod i gwrdd â mi."

2 Albrecht, Act I: "Rwy'n addo dy garu di am byth, Gieselle!

3 Y dywysoges Bathilde, Act I: "Rwyf wedi dyweddïo i briodi Albrecht."

4 Y Frenhines Myrthe, Act II: "Rhaid i ti farw, Albrecht!"

5 Albrecht, Act II: "Pam mae'n rhaid i mi farw? Trugaredd!"

Adrodd stori

Mae'r bale Rhiain Gwsg yn adrodd stori. Marius Petipa wnaeth y coreograffi yn 1890 gyda cherddoriaeth gan Tchaikovsky. Seiliodd Petipa'r bale ar stori tylwyth teg Charles Perrault gan lunio pedair adran – prolog a thair act.

1 Yn Act I, mae'r Dywysoges Aurora'n pigo ei bys ar y gwerthyd ac yn cwympo i'r llawr. Mae'r Brenin a'r Frenhines, gwŷr y llys ac edmygwyr o'i chwmpas. Mae hon yn olygfa ddramatig. Diolch i'r Dylwythen Lelog, nid yw Aurora wedi marw, dim ond cysgu mae hi.

2 Mae'r Dylwythen Lelog yn arwain y tylwyth teg sy'n dod ag anrhegion i'r bedydd brenhinol yn y prolog. Rhannau cymeriadau yw'r Brenin a'r Frenhines. Maen nhw'n defnyddio meim, nid dawns, i greu eu cymeriadau ac adrodd y stori. Fel arfer, mae rhan y dylwythen ddrwg, Carabosse, hefyd yn cael ei chwarae gan ddawnsiwr cymeriad.

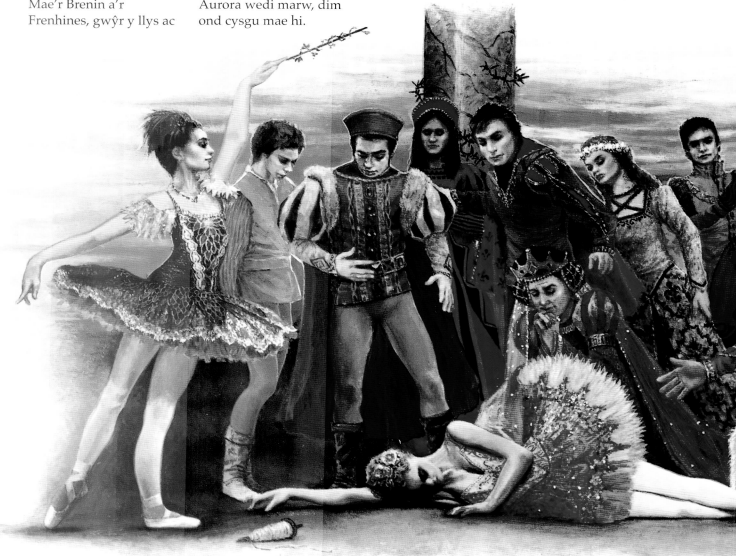

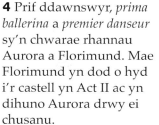

4 Prif ddawnswyr, *prima ballerina* a *premier danseur* sy'n chwarae rhannau Aurora a Florimund. Mae Florimund yn dod o hyd i'r castell yn Act II ac yn dihuno Aurora drwy ei chusanu.

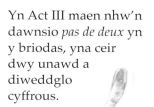

Yn Act III maen nhw'n dawnsio *pas de deux* yn y briodas, yna ceir dwy unawd a diweddglo cyffrous.

3 Mae Carabosse yn wyllt gacwn am na chafodd ddod i'r bedydd. Mae'n defnyddio meim i fwrw hud ar Aurora: bydd hi'n pigo ei bys ar werthyd ac yn marw. Weithiau, dyn sy'n cymryd rhan Carabosse.

5 Coryphées neu unawdwyr ifanc sy'n dawnsio rhan Pws Esgid Uchel a'r Gath Wen fel arfer. Rhannau demi-caractère yw'r rhain. Maen nhw'n dawnsio un o'r *divertissements* yn ystod y briodas yn Act III.

Mae'r Rhiain Gwsg yn dilyn patrwm tebyg i fales eraill Petipa sy'n dweud stori. Mae'r *scènes d'action* yn adrodd y stori'n glir drwy actio a meim. Yna mae *pas d'action* yn defnyddio stepiau dawnsio i ddangos teimladau'r cymeriadau. Wrth i'r stori fynd rhagddi, mae *divertissements* yn torri ar ei thraws, sef dawnsio er mwyn dawnsio, nid er mwyn adrodd y stori. Hefyd mae amrywiadau, unawdau sy'n dangos medrau arbennig dawnsiwr neu ddawnswraig.

Straeon o fyd bale

La Sylphide

Perfformiad cyntaf yn 1833, yn Copenhagen.
coreograffi: August Bournonville.
cerddoriaeth: Herman von Løvenskjold

Ffermwr ifanc o'r Alban yw James. Y noson cyn iddo briodi Effie, daw tylwythen deg o'r goedwig at ei ffenest. Mae James mewn cyfyng-gyngor, mae'n caru Effie a'r dylwythen deg. Mae gwrach o'r enw Madge yn dweud eu ffortiwn wrth Effie a'i ffrindiau – ond mae James yn taflu Madge allan. Ond wrth i'r ddau gyfnewid modrwyon yn y briodas, mae'r dylwythen deg yn denu James i adael.

Mae Madge yn rhoi sgarff hudol i James. Yn y goedwig, mae James a'r dylwythen yn dawnsio â'r sgarff. Mae'r wrach gas wedi gwenwyno'r sgarff, ac mae adenydd y dylwythen deg yn cwympo oddi ar ei chorff.

Hebddyn nhw, bydd hi'n marw.

Giselle

1841, Paris
coreograffi: Jean Coralli a Jules Perrot
cerddoriaeth: Adolphe Adam

Mae Giselle yn caru 'Loys', sef yr Iarll Albrecht mewn cuddwisg. Mae coediwr, Hilarion, yn hynod eiddigeddus. Mae'r dug a'i ferch Bathilde'n cyrraedd gyda chriw hela. O glywed bod 'Loys' wedi dyweddïo â Bathilde, mae Giselle yn dawnsio'n wyllt, gan farw wrth draed ei mam.

Mae ysbrydion y 'Wilis' yn codi o'u beddau, a Myrtha, eu Brenhines, yn eu harwain i ddawnsio yng ngolau'r lleuad. Daw Hilarion at fedd Giselle, ac mae'r Wilis yn gwneud iddo ddawnsio hyd nes iddo farw. Caiff Albrecht hefyd orchymyn i ddawnsio, ond mae Giselle, sydd bellach yn un o'r 'Wilis', yn dawnsio ar ei ran. Ar doriad gwawr, mae'n dychwelyd i'w bedd, gan arbed bywyd Albrecht.

Don Quixote

1869, Moscow
coreograffi: Marius Petipa
cerddoriaeth: Ludwig Minkus

Mae sawl fersiwn o'r bale hwn, wedi seilio ar nofel Sbaeneg gan Cervantes. Mae Don Quixote'n hen ddyn wedi gwirioni ar chwedlau am farchogion. Felly mae'n chwilio am anturiaethau tebyg.

Mewn cynyrchiadau cyfoes, y prif gymeriadau yw'r pâr ifanc Basilio a Kitri, sy'n byw yn Barcelona. Mae tad Kitri'n ei gorfodi i briodi Gamache, dyn cythoethog. Mae Don Quixote'n cyrraedd tafarn ei thad, yn gweld bod Kitri'n anhapus, ac yn herio Gamache i ornest saethu – ond mae'r 'marchog' yn cael ei yrru ymaith. Mae Basilio'n esgus ei fod yn marw, ac yn ymbil ar dad Kitri i dosturio wrtho a gadael iddo ei phriodi – ac mae'n gwneud hynny.

Yn ystod dathliadau'r briodas, mae Basilio a Kitri'n perfformio *pas de deux*, mewn arddull Sbaenaidd, ac mae'r Don Quixote yn gadael gan obeithio cael mwy o anturiaethau.

Coppélia

1870, Paris
coreograffi: Arthur
Saint-Léon
cerddoriaeth: Léo
Delibes

Mae Franz a Swanhilda'n byw mewn tref fechan lle mae siop deganau gan Dr Coppélius. Yno mae Coppélia, dol sy'n edrych fel merch go iawn ac mae Franz mewn cariad â hi. Mae Swanhilda'n gandryll ac yn sleifio i'r siop i weld y ddol.

Yn sydyn, mae Dr Coppélius yn dychwelyd. Mae Swanhilda'n cuddio ac yn newid i ddillad y ddol. Ceisia Dr Coppélius ddefnyddio hud i wneud i egni Franz ddod â'r ddol yn fyw. Mae Swanhilda'n esgus mai hi yw Coppélia gan berfformio dawnsiau o'r Alban a Sbaen. Yna mae'n gwneud i'r teganau clocwaith i gyd weithio. Maen nhw'n dianc, a Dr Coppélius yn torri ei galon.

Wrth i'r dref ddathlu gyda Dawnsiau'r Oriau, y Wawr a'r Weddi, mae Swanhilda'n ymddiheuro i Dr Coppélius am ei dwyllo ac mae'n dawnsio gyda Franz.

Y Rhiain Gwsg

1890, St Petersburg
coreograffi: Petipa
cerddoriaeth: Pytor
Ilyich Tchaikovsky

Gweler tudalennau 44-45.

Yr Efail Gnau

1892, Moscow
coreograffi: Lev Ivanov
cerddoriaeth: Tchaikovsky

Mae hi'n Nadolig yn yr Almaen. Mae gwestai dieithr yn cyrraedd parti teulu Stahlbaum. Herr Drosselmeyer sydd yno, gyda gwisg milwr i Fritz, a gefail gnau ar ffurf milwr i Clara.

Ar ôl y parti, mae Clara'n sleifio i lawr y grisiau i nôl yr efail gnau. Daw Drosselmeyer i'r golwg, ac mae'r Goeden Nadolig a'r teganau'n dod yn fyw. Mae'r Efail Gnau'n ymladd â Brenin cas y Llygod, ac mae Drosselmeyer yn ei droi'n dywysog sy'n mynd â Clara ar daith hudol.

Yn gyntaf, maen nhw'n teithio i Wlad yr Eira i gwrdd â Brenhines yr Eira. Ymlaen â nhw i Wlad y Melysion, lle mae'r 'Sugar Plum Fairy' yn cyflwyno cyfres o *divertissements* i Clara: dawns coffi, dawns te, Madame Bonbonnière, dawns Rwsiaidd, ac yn olaf Walts y Blodau. Mae'r Tywysog a'r Dylwythen Deg yn dawnsio unawdau a *pas de deux* cyn i Clara sylweddoli ei bod hi 'nôl gartref, yn meddwl tybed ai breuddwyd oedd y cyfan.

Y Llyn Elyrch

1877, Moscow
coreograffi: Act I a III gan Petipa, II a IV gan Ivanov
cerddoriaeth: Tchaikovsy

Mae hi'n ddiwrnod pen-blwydd y Tywysog Siegfried yn 21 oed. Mae ei fam yn dweud wrtho y dylai briodi cyn hir. Mae'n mynd am dro i'r goedwig.

Ar lan llyn ynghanol y goedwig, mae Siegfried yn gweld alarch ac yn anelu ei ddryll i'w saethu. Ond mae'r alarch yn troi'n ferch hardd. Mae hi'n ymbil ar Siegfried i beidio â'i saethu – y Dywysoges Odette yw hi ac mae hi a'i gosgordd wedi cael eu troi'n elyrch gan Von Rothbart, dewin cas sy'n edrych fel tylluan. Dim ond cariad pur all ei hachub. Mae'r Tywysog yn addo ei charu a'i phriodi, →

ac na fydd yn torri ei air. Maen nhw a'r merched eraill yn dawnsio tan i Von Rothbart eu tynnu'n ôl i'r llyn a rhoi hud arnyn nhw.

Mae'r Frenhines yn trefnu dawns ac mae nifer o dywysogesau'n cyrraedd, ond mae'r Tywysog yn gwrthod pob un. Yna mae gwestai dieithr yn cyrraedd: Von Rothbart mewn cuddwisg gyda'i ferch, Odile. Mae Siegfried yn meddwl mai Odette yw hi. Wrth iddyn nhw ddawnsio, mae Siegfried yn cyhoeddi y bydd yn ei charu am byth. Mae gweledigaeth o Odette yn ymddangos yn y ffenest, mae von Rothbart a Odile yn chwerthin a Siegfried yn sylweddoli ei fod wedi cael ei dwyllo i dorri ei addewid i Odette.

Mae Odette a'r merched eraill yn dawnsio'n drist ar lan y llyn. Mae Siegfried yn cyrraedd ac yn ymbil ar Odette i faddau iddo, ac mae hi'n gwneud. Ond mae'r merched o dan hud Von Rothbart am byth. Yn eu tristwch, mae Siegfried ac Odette yn eu taflu eu hunain i'r llyn, ac o'r diwedd mae'r hud wedi'i dorri gan rym eu cariad at ei gilydd.

The Firebird

1910, Paris
coreograffi:
Michel Fokine
cerddoriaeth: Igor Stravinsky

Mae'r dewin cas Kotschei wedi carcharu Tywysoges a'i 11 ffrind mewn gardd hudol. Mae'r Tywysog Ivan yn dringo dros y wal ac yn dal aderyn – Eurgeg hardd. Mae'r aderyn yn addo rhoi un o'i phlu iddo os yw'n ei rhyddhau. Hefyd mae'n addo dychwelyd os bydd mewn perygl. Mae Ivan yn cuddio i wylio'r dywysoges wrth iddi ddawnsio gyda'i ffrindiau. Mae e'n cwympo mewn cariad â hi ond mae'n cael ei ddal gan Kotschei a'i greaduriaid hyll. Mae Ivan yn galw ar yr Eurgeg, sy'n dangos iddo sut i ddinistrio'r dewin drwy dorri wy mawr sy'n cynnwys ei enaid. Nawr mae'r hud oedd yn carcharu creaduriaid Kotschei wedi mynd. Mae Ivan a'r dywysoges yn cael eu coroni'n frenin a brenhines a phawb oedd yn arfer bod yn garcharorion i Kotschei yn dathlu.

Petrushka

1911, Paris
coreograffi: Fokine
cerddoriaeth: Stravinsky

Mae hi'n Ffair Wythnos y Menyn yn St Petersburg, Rwsia. Mae Dyn Sioe yno, gyda thri phyped maint dyn – Dawnswraig bale, Mŵr a chlown o'r enw Petrushka. Maen nhw'n perfformio i'r dyrfa.

Ar ôl i'r sioe orffen a'r pypedau wedi'u rhoi i gadw mewn bwth, mae'r Ddawnswraig yn gwneud hwyl am ben Petrushka a'r Dyn Sioe'n gas wrtho. Yn ei rwystredigaeth, mae Petrushka'n taro ei ddyrnau yn erbyn wal y bwth.

Mae'r Ddawnswraig yn mynd i weld y Mŵr, a Petrushka eiddigeddus yn ei dilyn. Mae'r Mŵr yn erlid Petrushka o'r bwth ac yn ei daro â chleddyf cam. Mae'r dorf yn cael ofn wrth weld bod Petrushka'n gwaedu, ond mae Dyn y Sioe'n codi'r corff llipa a dangos iddyn nhw mai dim ond pyped yw e, yn gollwng blawd llif.

Wrth iddi nosi, mae'r Ffair yn cau, ac ysbryd Petrushka'n codi dros y sioe, gan wawdio'r Dyn Sioe.

Sinderela

1948, Llundain
coreograffi:
Frederick Ashton
cerddoriaeth: Sergei Prokofiev

Mae dwy lyschwaer hyll Sinderela (dau ddyn wedi'u gwisgo fel menywod, yn nhraddodiad y pantomeim), yn mynd i ddawns yn y palas, gan adael Sinderela gartref. Yn ei dillad carpiog, mae'n breuddwydio am ddawnsio. Yn sydyn mae'r ddewines dda'n cyrraedd gyda thylwyth teg. Mae hi'n bwrw hud fel y gall Sinderela fynd i'r ddawns mewn gwisg hardd – ond rhaid iddi ddod adref am hanner nos.

Yn y ddawns, daw Sinderela i lawr y grisiau en pointe a dawnsio gyda'r Tywysog. Wrth iddi daro hanner nos, rhuthra allan gan golli un o'i hesgidiau. Mae'r Tywysog yn addo priodi'r ferch y mae ei throed yn ffitio'r esgid. Yn ôl gartref, mae'r Chwiorydd Hyll yn ceisio gwthio'u traed enfawr i'r esgid fach. Mae Sinderela'n rhoi cynnig arni – mae'r esgid yn ffitio, ac mae'r Tywysog yn ei phriodi, er mawr siom i'r Chwiorydd Hyll.

La Fille mal Gardée

1960, Llundain
coreograffi:
Ashton
cerddoriaeth:
Ferdinand Hérold, trefnwyd gan John Lanchbery.

Mae Lise a'i mam, y weddw Simone (dyn sy'n chwarae'r rhan), yn byw ar fferm yn Ffrainc. Mae Lisa'n caru Colas, ac maen nhw'n dawnsio gyda rhuban hir. Mae Simone'n ei chyflwyno i Alain, mab y ffermwr cyfoethog Thomas, ond nid yw Lise'n ei hoffi.

Adeg y cynhaeaf, mae Lise a Colas yn dawnsio gyda'u ffrindiau. Mae Simone yn gwneud dawns y glocsen ddoniol, yna mae pawb yn dawnsio o gylch bedwen Fai.

Yn ôl gartref, mae'r cynaeafwyr yn dod â'r gwenith i mewn. Mae Colas yn neidio allan o'r gwenith a Lise'n ei guddio yn ei hystafell. Mae Simone yn dod ag Alain i briodi Lise, a daw o hyd i Colas. O'r diwedd mae Simone yn gadael i Lise briodi Colas. Mae'r tŷ'n gwacáu, ac mae Alain yn sleifio i mewn i nôl ei hoff ymbarél coch.

Romeo a Juliet

1965, Llundain
coreograffi: Kenneth MacMillan
cerddoriaeth: Prokofiev

Bale'n seiliedig ar ddrama drasig Shakespeare am ddau deulu cwerylgar o Verona yn yr Eidal. Mae aelodau o'r ddau deulu, sef Romeo Montague a Juliet Caulet wedi syrthio mewn cariad yn ystod dawns masgiau, ac yn priodi'n gyfrinachol mewn capel bychan. Gwaethygu wna'r sefyllfa wrth i gefnder Juliet, sef Tybalt, ladd ffrind Romeo, ac wedi i Romeo ddial trwy ladd Tybalt, mae'n ffoi o'r ddinas.

Trefna rhieni Juliet briodas rhwng eu merch â Paris. Ond mae hi'n cymryd cyffur sy'n gwneud iddi edrych fel petai wedi marw, Daw teulu Juliet o hyd i'w chorff a'i roi yng nghladdgell y teulu. Rhuthra Romeo i mewn. Gan feddwl bod Juliet wedi marw, mae'n cymryd gwenwyn. Ond deffra Juliet i weld Romeo wedi marw wrth ei hochr, ac mae hithau'n trywanu ei hunan.

Mwynhau bale

Does dim rhaid i chi fynd i ddosbarthiadau bale i fwynhau bale. Mae llawer o ffyrdd eraill o ddod i wybod mwy am bale.

Gwylio bale

Gallwch ddechrau drwy wylio bale ar deledu neu DVD. Byddwch yn mwynhau'r profiad yn fwy os gallwch ddarllen y stori gyntaf a gwrando ar ychydig o'r gerddoriaeth.

▼ Cwrdd â dawnswyr a chasglu llofnodion ar ôl y sioe.

Gofynnwch gwestiynau i'ch hunan am yr hyn welsoch chi. Oedd y dawnsio'n dda? Os felly, pam roedd e'n arbennig? Beth os nad oedd? Sut gallai fod wedi bod yn well?

Cadw llyfr lloffion

Gallwch lenwi llyfr â lloffion am bale a lluniau o'ch hoff ddawnswyr wedi'u torri o bapurau newydd, cylchgronau a deunyddiau cyhoeddusrwydd.

Ysgrifennu adolygiad

Chwiliwch am adolygiadau gan feirniaid sy'n ysgrifennu am y perfformiadau. Ceisiwch ysgrifennu adolygiad byr eich hunan o bale rydych wedi'i weld. Dychmygwch eich bod yn ysgrifennu i rywun na welodd fale erioed. Sut byddech chi'n disgrifio'r bale iddyn nhw?

Mynd i'r theatr

Os ydych eisiau gwylio bale'n fyw, gallwch ddechrau drwy weld perfformiadau gan ysgolion bale lleol. Pan fydd cwmni bale proffesiynol yn dod i'ch theatr leol, ceisiwch fynd i weld y perfformiad. Os ewch chi fel grŵp o ffrindiau o'r ysgol neu eich dosbarth bale, mae'r tocynnau fel arfer yn rhatach. Weithiau mae cwmnïau'n trefnu sgyrsiau cyn y perfformiad, i helpu i egluro popeth.

Fel arfer bydd swyddog addysg gan gwmnïau bale. Bydd e/hi'n barod i ddweud wrthoch chi beth sydd ar gael – llyfrynnau a phosteri ar werth neu le mewn gweithdy lle gallwch ddysgu peth o'r coreograffi. Gallwch eu ffonio neu ysgrifennu atyn nhw yn y theatr lle mae canolfan y cwmni.

Gweithdai

Gallwch ddysgu symudiadau sylfaenol bale mewn gweithdai, ac weithiau maen help i'w defnyddio i greu eich dawnsiau eich hun.

Efallai gall yr athrawes yn eich ysgol drefnu i ddawnswyr cwmni ddod i ymweld, siarad am eu bywydau, dawnsio a dysgu gweithdy.

Os ydych chi'n dawnsio'n barod, mae ysgolion haf lle gallwch wneud ffrindiau â dawnswyr eraill, cael dosbarthiadau gan athrawon gwahanol, cymryd rhan mewn perfformiad neu roi cynnig ar goreograffi.

▼ Efallai bydd gweithdy ar golur a gwisgoedd pan fydd cwmni bale'n ymweld ag ysgol. Mae Kostchei, y dewin cas yn *The Firebird*, yn gwisgo colur anhygoel.

Creu eich bale eich hun

Cofiwch fod bale'n cyfuno pedwar peth – dawns, cerddoriaeth, celf a drama. Os oes diddordeb gyda chi mewn gwisgoedd a dylunio, beth am ddewis stori a gwneud darluniau o olygfeydd a gwisgoedd y bale?

▲ Gweithdy mewn ysgol ar pas de deux

Os ydych chi'n canu offeryn, ymunwch ag eraill a chyfansoddi cerddoriaeth bale. Gallwch ddefnyddio cyfrifiadur i wneud hyn. Gallwch recordio eich gwaith ar dâp neu fideo.

Os ydych eisiau gwybod mwy am hanes bale a dawnswyr enwog – defnyddiwch eich llyfrgell leol – gall fod CD ROMau a DVDau yno hefyd.

Hefyd mae amgueddfeydd sy'n dangos gwisgoedd, fel tutu Alarch Anna Pavlova a dyluniadau a sgoriau o gwmni Diaghilev.

Bale ym myd celf

Mae arlunwyr, cerflunwyr a ffotograffwyr bob amser wedi dwlu ar fale.

Chwiliwch am arddangosfeydd o waith arlunwyr fel Degas, y Fonesig Laura Knight a Robert Heindel neu ffotograffau gan Cecil Beaton, Richard Avedon ac Anthony Crickmay. Efallai yr hoffech chi wneud brasluniau neu baentiadau, neu ddefnyddio clai i ddangos rhai o'r safleoedd.

Beth bynnag wnewch chi, bydd yn eich helpu i fwynhau a deall bale'n well.

Chwilio am wybodaeth

Os ydych chi'n gwneud project am bale neu'r theatr, peidiwch ag ysgrifennu i'r cwmni gan ofyn fel hyn "A wnewch chi anfon popeth sydd ar gael." Mae'n well paratoi ar gyfer project am rywbeth mwy penodol, a chanolbwyntio ar un neu ddau ddawnsiwr neu fale. Mae pobl yn llawer mwy parod i helpu os ydych chi wedi gwneud peth gwaith paratoi ac os ydych yn gwybod yn iawn beth sydd ei angen i gwblhau'r project.

Mae archif gan bob prif theatr, tebyg i amgueddfa neu lyfrgell. Archifydd sy'n gofalu am y casgliad, pethau fel hen lyfrau, posteri, rhaglenni, adolygiadau, gwisgoedd, ffotograffau a nodiadau'r coreograffwyr.

Os oes gennych ddiddordeb mewn dawnsiwr, coreograffydd neu fale arbennig, gallwch anfon at yr archifydd am wybodaeth benodol. Gall fod hyd yn oed yn bosibl i chi drefnu ymweld â'r archif a gweld y trysorau.

Pavlova'n Ymgrymu, gan y Fonesig Laura Knight (1877-1970). Roedd Knight yn hoffi peintio golygfeydd o'r bale a'r syrcas.

Dawnswyr mawr yr 20fed ganrif

Mikhail Baryshnikov
Gweler tudalen 11.

Darcey Bussell
Ganwyd yn Llundain yn 1969 a hyfforddi gyda'r Ysgol Fale Frenhinol a dod yn brif ddawnswraig gyda'r cwmni yn 1989. Mae ei dawnsio'n gelfydd, bywiog a ffres – fel Aurora yng nghynhyrchiad y Bale Brenhinol o'r Rhiain Gwsg a berfformiwyd am y tro cyntaf yn Washington yn 1994.

Romeo a Juliet

Erik Bruhn
Roedd y dawnsiwr hwn yn enwog am ei dechneg wych a gosgeiddig mewn rhannau clasurol, ac yn un o'r dynion gorau erioed am ddawnsio. Ganwyd Bruhn yn 1928 a hyfforddodd gydag Ysgol Fale Frenhinol Denmarc, gan ymuno â'r cwmni yn 1937. Dawnsiodd yn y DU, UDA a Denmark, a chyfarwyddo yn Sweden a Chanada. Hefyd anogodd ddawnswyr i gymryd mwy o gyfrifoldeb am eu lles a'u gyrfaoedd. Bu farw yn 1986.

Suzanne Farrell
Ganwyd hi yn 1945 a hyfforddodd yn Ysgol Fale America gan ymuno â Chwmni Dinas Efrog Newydd (NYCB) yn 16. Roedd hi'n un o sêr y cwmni, yn enwog am ei thechneg lân. Dawnsiodd mewn nifer o fales y coreograffydd George Balanchine, gan gynnwys Jewels, Variations ac Union Jack.

Roedd ei phartneriaeth enwocaf gyda Peter Martins, a ymunodd â'r cwmni yn 1969.

Margot Fonteyn
Ganwyd Fonteyn ym Mhrydain yn 1919 ac astudiodd yn ysgol Sadler's Wells, gan ddod yn unawdydd gyda'r cwmni pan oedd yn 16 oed. Caiff ei chofio am ei thechneg glasurol berffaith a'i harddwch gosgeiddig wrth ddawnsio. Roedd ei phartneriaid enwog yn cynnwys Michael Somes a Rudolf Nureyev, a rhoddodd berfformiadau cofiadwy yn y Llyn Elyrch, y Rhiain Gwsg, a Marguerite ac Armand. Cafodd ei gwneud yn Fonesig a chael y teitl *Prima Ballerina Assoluta*. Bu farw Fonteyn yn 1991.

Sylvie Guillem
Ganwyd Guillem yn 1965, gan hyfforddi yn Ysgol Fale Opéra Paris, a dawnsio i'r cwmni. Hi yw prif artist gwadd y Bale Brenhinol ond mae hefyd yn ymddangos gyda chwmnïau eraill. Pan oedd yn blentyn, hyfforddodd Guillem i wneud gymnasteg ac mae'n enwog am ei hestyniadau a'i hystwythder. Bu cynulleidfaoedd y Tŷ Opera Brenhinol yn rhyfeddu at ei pherfformiadau mewn sawl bale gan y coreograffydd William Forsythe.

Marcia Haydée
Ganwyd yn Brazil yn 1939. Creodd y ddawnswraig hon lawer o brif rannau i Fale Stuttgart o dan gyfarwyddyd y coreograffydd John Cranko. Roedd yn enwog am ei dawnsio telynegol ac am actio'n bwerus. Ymddeolodd o'i swydd fel Cyfarwyddwr Artistig Stuttgart yn 1996.

Karen Kain
Ganwyd yn 1951 a hyfforddodd yn Ysgol Bale Genedlaethol Canada, gan ymuno â'r cwmni yn 1969. Daeth yn brif ddawnswraig yn 1971 ac mae wedi bod yn artist gwadd gyda nifer o'r prif gwmnïau eraill. Roedd Kain yn un o bartneriaid enwocaf Nureyev.

Irek Mukhamedov
Hyfforddodd Mukhamedov yn ysgol Bale'r Bolshoi, ac fel prif ddawnsiwr gyda'r cwmni roedd yn enwog am ei rannau dramatig mewn bales fel Spartacus. Yn 1990 ymunodd â'r Bale Brenhinol. Mae'n enwog am ei fedr technegol a'i actio gwych ac mae wedi dawnsio mewn bales newydd gan nifer o goreograffwyr.

Vaslav Nijinsky
Ganwyd Nijinsky yn Rwsia yn 1889 a hyfforddodd yn Ysgol Bale Ymerodrol Rwsia. Ymunodd â Ballets Russes Diaghilev lle cafodd yrfa fer ond disglair, gan ddawnsio mewn bales fel *Le Spectre de la Rose*, *Petrushka* a *The Firebird*. Hefyd bu'n gyfrifol am greu coreograffi dau fale wych, *The Rite of Spring* a *L'Après-midi d'un Faune*, a dawnsio ynddyn nhw hefyd. Roedd Nijinsky'n dioddef o salwch meddyliol a bu farw yn yr ysbyty yn 1950. Mae ei ddyddiaduron a

The Rite of Spring

bywgraffiad a ysgrifennodd ei wraig yn rhoi cipolwg ar ei fywyd a'r cyfnod pan fu'n dawnsio.

Rudolf Nureyev

Ganwyd Nureyev yn 1938 yn ystod siwrne ar drên yn Rwsia. Aeth i hyfforddi yn Ysgol Bale Leningrad pan oedd yn 17 oed. Pan oedd yn 20 oed, dechreuodd ddawnsio gyda Bale Kirov. Yn 1961, gadawodd Nureyev daith gyda'r Kirov a chael gwahoddiad i ymuno â'r Bale Brenhinol. Bu'n brif ddawnsiwr llwyddiannus ac yn bartner dawnsio i Margot Fonteyn. Hefyd bu'n goreograffydd cynyrchiadau newydd o fales enwog fel The Nutcracker, Don Quixote a Romeo a Juliet. Daeth Nureyev yn Gyfarwyddwr Bale Opéra Paris yn 1983 a bu farw yn 1993.

The Nutcracker

Anna Pavlova

Gweler tudalennau 10-11.

Galina Ulanova

Ganwyd hi yn Rwsia yn 1910. Bu'r ddawnswraig wych hon yn dawnsio gyda Chwmnïau Bale Kirov a'r Bolshoi. Roedd yn enwog am ei pherfformiadau gosgeiddig, e.e. yn Giselle. Aeth Ulanova ymlaen i ddysgu yn Ysgol Bale'r Bolshoi, gan hyfforddi merched i ddawnsio'r prif rannau. Bu farw yn 1998.

Athrawon enwog

Mae llawer o athrawon wedi dylanwadu ar ddatblygiad bale. Carlo Blasis oedd y dyn cyntaf i gofnodi techneg bale fel mae hi heddiw. Ysgrifennodd lyfr o'r enw *The Code of Terpischore* a gyhoeddwyd yn 1830. Arweiniodd August Bouronville Fale Brenhinol Denmarc o 1830 gan greu ei dechneg bale unigryw, gan gynnwys *ballon* – neidio ysgafn a sionc. Mae llawer o ysgolion, yn enwedig yn Nwyrain Ewrop, yn astudio dull wedi'i enwi ar ôl Agrippina Vaganova, athro Rwsiaidd a fu farw yn 1951. Mae dawnswyr eraill yn astudio dull Cecchetti, wedi'i enwi ar ôl Enrico Cecchetti a ddysgodd lawer o ddawnswyr enwog cwmnïau Maryinsky a Diaghilev, gan gynnwys Anna Pavlova.

Cyfansoddwyr Mawr

Jean Baptiste Lully 1632-1687

Un o'r cyfansoddwyr bale cyntaf yn llys Louis XIV. Roedd yn ddawnsiwr hefyd a daeth yn Gyfarwyddwr yr *Académie Royale de Musique*. Mae ei waith yn cynnwys *Le Ballet de la Nuit*, gyda Louis XIV fel Apollo, duw'r haul.

Léo Delibes 1836-1891

Cyfansoddwr o Ffrainc roedd Tchaikovsky'n ei edmygu'n fawr. Cyfansoddodd Delibes *La Source*, Sylvia a Coppélia. Yn Coppélia, datblygodd y syniad o fotif – thema gerddorol i bob cymeriad yw motif.

Frédéric Chopin 1810-1849

Ganwyd Chopin yng Ngwlad Pwyl. Ysgrifennodd e ddim cerddoriaeth yn benodol ar gyfer bale, ond mae'r gerddoriaeth wedi'i defnyddio'n helaeth. Y bale enwocaf yw *Les Sylphides* (Chopiniana oedd ei enw cyntaf),

gyda Fokine yn goreograffydd. Defnyddiodd Jerome Robbins ac Ashton gerddoriaeth Chopin hefyd ar gyfer rhai o'u bales nhw.

Sergei Prokofiev 1891-1953

Mae cerddoriaeth bale Prokofiev yn cynnwys Prodigal Son, The Stone Flower, Sinderela a Romeo a Juliet. Hefyd ysgrifennodd y cyfansoddwr clasurol hwn o Rwsia operâu a cherddoriaeth ffilmiau.

Igor Stravinsky 1882-1971

Cydweithiodd y cyfansoddwr Rwsiaidd hwn â Diaghilev, Nijinsky a Balanchine. Ysgrifennodd gerddoriaeth ar gyfer bales fel *The Firebird*, *Petruschka*, *les Noces*, *The Rite of Spring*, *Apollo* ac *Agon*. Mae darnau eraill o'i waith wedi'u defnyddio gan goreograffwyr fel MacMillan a Robbins.

Pyotr Ilych Tchaikovsky 1840-1893

Gweler tudalen 26.

Prif goreograffwyr yr 20fed ganrif

Frederick Ashton

Ganwyd yn Ecuador, De America, yn 1904. Astudiodd gyda Lénide Massine a Marie Rambert. Roedd yn goreograffydd gwych, a hefyd bu'n Gyfarwyddwr y Bale Brenhinol o 1963 i 1970. Mae cynulleidfaoedd yn dwlu ar ei waith oherwydd ei fod yn delynegol a cherddorol ac yn defnyddio techneg glasurol yn llawn dychymyg. Mae dull Cecchetti'n sail i'r rhan fwyaf o'i waith. Mae ei waith naratif a thema'n cynnwys Sinderela, Sylvia, *La Fille mal Gardée*, *Ondine*, *The Dream*, *Enigma Variations*, *The Two Pigeons* ac *A Month in the Country*. Mae ei waith haniaethol yn cynnwys *Symphonic Variations*, *Scènes de Ballet a Monotones*. Ashton wnaeth y gwaith coreograffi ar Straeon Beatrix Potter i blant. Roedd ganddo ddawn i greu cymeriadau oedd yn dod yn fyw ar y llwyfan, a dechreuodd nifer o ddawnswyr llwyddiannus eu gyrfa mewn bales o'i waith. Bu farw Syr Frederick yn 1988.

La Fille mal Gardée

George Balanchine

Ganwyd yn St Petersburg yn 1904, hyfforddodd yn Academi Bale Ymerodrol Petrograd. Gwnaeth Diaghilev ef yn brif goreograffydd y *Ballets Russes* yn 1925. Cafodd ei wahodd i UDA, lle dechreuodd Ysgol Bale America yn 1934. Flwyddyn yn ddiweddarach ffurfiodd y myfyrwyr gorau gwmni newydd, Bale America. O'i gwmni nesaf, Cymdeithas Bale, tyfodd Bale Dinas Efrog Newydd. Mae Balanchine yn un o'r coreograffwyr mwyaf yn hanes bale. Mae'r rhan fwyaf o'i waith yn dathlu dawns mewn ffordd haniaethol. Mae digon o gyfle i'r dawnswyr ddangos eu medr a'u dawn gerddorol wrth fwynhau dawnsio. Mae ei waith yn cynnwys *Concerto Barocco*, *Themes and Variations*, *Agon*, *Apollo*, *Symphony in C* a *The Four Tempraments*. Bu farw Balanchine yn 1983, gan adael cwmni byd enwog nodedig ei arddull ar ei ôl.

Maurice Béjart

Ganwyd yn Ffrainc yn 1927. Sefydlodd gwmni Bale'r Ugeinfed Ganrif ym Mrwsel yn 1960. Mae ei waith yn ddramatig a dadleuol ac wedi'i ysbrydoli gan theatr a dawns o bedwar ban y byd. Mae'n defnyddio golygfeydd gyda grwpiau mawr i greu effeithiau pwerus ac mae ei goreograffi i ddawnswyr o ddynion yn arbennig o dda. Mae ei waith yn cynnwys *The Rite of Spring*, Nijinsky, Clown of God a Bolero, wedi'i osod i gerddoriaeth hudolus Ravel. Mae canolfan y cwmni bellach yn Lausanne, y Swistir.

John Cranko

Ganwyd yn Ne America yn 1927. Hyfforddodd yn Ysgol Bale Sadler's Wells ac ymunodd â'r cwmni yn 1946. Daeth yn Gyfarwyddwr Bale Stuttgart yn 1961 a pharatôdd y gwaith coreograffi ar gyfer nifer o weithiau i gwmni Stuttgart a'r Bale Brenhinol, gan gynnwys rhai hyd llawn fel *The Taming of the Shrew* a *Romeo a Juliet*, a hefyd rhai byrion fel *Pinnepple Poll* a *The Lady and the Fool*. Mae gwaith Cranko'n enwog am ei ddoniolwch a'i gymeriadau cryf. Bu farw yn 1973, gan adael cwmni Stuttgart yn un o'r cryfaf yn y byd.

Apollo

Yuri Grigorovich

Ganwyd yn Rwsia yn 1927 a daeth yn brif goreograffydd a chyfarwyddwr artistig Bale Bolshoi yn 1964. Mae ei waith yn llawn dawnsio athletaidd cryf i ddynion a stepiau gosgeiddig a chymhleth i fenywod. Gan ddefnyddio golygfeydd o hanes Rwsia, creodd fales arwrol gyda thyrfaoedd mawr a dawnsio pas de deux telynegol. Er enghraifft, *The Golden Age*, wedi'i leoli yn y 1920au; *Ivan the Terrible*, wedi'i leoli yn Rwsia yn yr 16eg ganrif; a *Spartacus*, am gaethweision yn gwrthryfela adeg y Rhufeiniaid.

Kenneth MacMilan

Ganwyd MacMilan yn 1929 a hyfforddodd i fod yn ddawnsiwr yn ysgol Bale

Elite Syncopations

Sadler's Wells. Yn 1946 ymunodd MacMillan â Bale Theatr Sadler's Wells. Yn ddiweddarach daeth yn goreograffydd, ac fe'i penodwyd yn Goreograffydd preswyl i'r Bale Brenhinol yn 1965 a Chyfarwyddwr Artistig yn 1970. Mae'n enwog am fales naratif hyd llawn fel *Romeo a Juliet*, *Anastasia*, *Manon a Mayerling*. Ond hefyd mae wedi creu coreograffi ar gyfer bales haniaethol cofiadwy fel *Dlite Syncopations*, *Song of the Earth* a *Gloria*, gyda'r galar a ddaeth yn sgil y Rhyfel Byd Cyntaf yn thema iddo. Mae technegau clasurol a llwyfannu dramatig yn cael eu defnyddio i gyfleu emosiynau dynol cymhleth yn ei waith, gan effeithio'n ddwfn ar y gynulleidfa. Bu farw Sir Kenneth yn 1992.

Bronislava Nijinska

Ganwyd yn 1891 yn Rwsia. Roedd yn chwaer i Vaslav Nijinsky. Astudiodd gyda Cecchetti ac ymunodd â chwmni Maryinsky ac yna â *Ballets Russes*. Creodd y coreograffi i nifer o fales, gan gynnwys *Renard*, *Les Biches* ac un o'r goreuon, *Les Noches*. Gyda cherddoriaeth Stravinsky, a dyluniadau'r arlunydd Rwsiaidd Natalia Goncharova, mae thema *Les Noces* yn codi o baratoadau ar gyfer priodas Rwsiaidd draddodiadol. Er i Nijinska ddefnyddio stepiau clasurol, tynnodd hefyd ar ddylanwadau gwerin a jazz i greu bales lle mae dylunio, dawns a cherddoriaeth yn cyfuno'n effeithiol.

Jerome Robbins

Ganwyd yn UDA yn 1918. Dechreuodd ei yrfa'n ddawnsiwr mewn sioeau cerdd ar Broadway. Cafodd ei fale cyntaf, Fancy Free, ei osod i gerddoriaeth gan Leonard Bernstein – hanes tri morwr eisiau mwynhau eu hunain. Roedd mor llwyddiannus fel daeth yn sioe gerdd ar y llwyfan a'r sgrîn fawr, *On the Town*. Mae ei waith clasurol yn dathlu dawnsio: *The Concert* a *Dances at a Gathering*, a greodd ar gyfer Bale Dinas Efrog Newydd. Ond gallant hefyd fod yn bwerus a llawn tyndra, fel ei fersiwn o *Afternoon of a Faun* (cyfieithiad o *L'Apres-midi d'un Faune*). Mae coreograffi'r bale hwn yn defnyddio'r un gerddoriaeth gan Debussy a ddefnyddiodd Nijinsky yn 1912. Mae wedi'i leoli mewn stiwdio bale ac yn ymchwilio i'r berthynas rhwng dau ddawnsiwr. Yn ddiweddarach enillodd Robbins Oscar am ei waith gyda Bernstein ar y ffilm *West Side Story*, a lwyfannwyd gyntaf fel sioe gerdd.

Glen Tetley

Ganwyd yn UDA yn 1926. Yn gyntaf astudiodd feddygaeth, yna bu'n dawnsio gydag

Voluntaries

Anthony Tudor a Martha Graham. Dechreuodd fel coreograffydd yn arddull dawnsio modern, gyda gweithiau fel *Pierrot Lunaire*, ac yna cynhyrchodd fales mwy clasurol, fel *Field Figures* a *Voluntaries*. Fel arfer mae ei waith yn haniaethol, yn llawn symudiadau, siapiau a phatrymau anarferol a dychmygus wedi'u gosod i gerddoriaeth gan gyfansoddwyr modern gwych fel Varèse, Berg, Schoenberg a Henze.

Anthony Tudor

Ganwyd yn 1908. Ddechreuodd e ddim dawnsio tan ei fod yn 19 oed. Hyfforddodd yn Ysgol Rambert, a oedd yn rhan o'r cwmni bale a sefydlwyd yn y 1930au gan y Fonesig Marie Rambert. Roedd hi wedi bod yn aelod o gwmni Diaghilev unwaith, a rhoddodd anogaeth i nifer o goreograffwyr ifainc fel Ashton, Tudor a Cranko. Roedd gan waith Tudor elfen ddramatig gref a chafodd ei berfformio gan Ballet Rambert, Bale Dinas Efrog Newydd, Y Bale Brenhinol a Bale Brenhinol Sweden. Maen nhw'n cynnwys *Lilac Garden*, *Pillar of Fire* a *Shadowplay*. Cafodd *Pillar of Fire* a'i fale olaf, *Tiller of the Fields*, eu creu i Theatr Bale America. Bu farw Tudor yn 1987.

Ninette de Valois

Ganwyd yn Iwerddon yn 1898 a dawnsiodd gyda Diaghilev. Sefydlodd Fale Vic-Wells yn 1931, a arweiniodd at Fale Theatr Sadler's Wells ac o hwnnw tyfodd Y Bale Brenhinol a Bale Brenhinol Birmingham. Mae themâu cenedlaethol a choreograffi dramatig a chyfoethog cryf yn ei gwaith. Mae'n defnyddio cyfansoddwyr a dylunwyr o Brydain. Maen nhw'n cynnwys *Job*, *Checkmate* a *The Rake's Progress*, sydd wedi'i seilio ar gyfres o beintiadau o'r 18fed ganrif gan William Hogarth am hynt a helynt dyn ifanc yn y dref. Yn ystod ei gyrfa hir bu de Valois yn rhoi hwb i nifer o goreograffwyr fel Ashton, Cranko, MacMillan a David Bintle. Bu farw yn 2001.

Cwmnïau Mawr

Theatr Bale America

Bu partner Anna Pavlova, Mikhail Mordkin yn teithio gyda'i gwmni bychan yn UDA. Yna, ffurfiodd rhai o'i ddawnswyr o Rwsia, o dan arweiniad Lucia Chase a Richard Pleasant, Theatr Bale yn 1939. Daeth y cwmni (a enwyd wedyn yn Theatr Bale America) yn ganolbwynt traddodiad bale America, gyda dawnswyr gwadd fel Erik Bruhn, Natalia Makarova a Gelsey Kirkland. Mae wedi llwyfannu gwaith llwyddiannus gan goreograffwyr fel Mikhail Fokine, George Balanchine, Agnes de Mille, Glen Tetley, Twyla Tharp, Jerome Robbins ac Antony Tudor. Yn 1980, daeth Mikhail Baryshnikov yn Gyfarwyddwr y cwmni. Kevin Mckenzie sy'n arwain y cwmni erbyn hyn.

Bale Awstralia

Sefydlwyd cwmni fel ag y mae heddiw yn 1962 gan gynorthwyydd Ninette de Valois, Peggy van Praagh. Yn 1965, daeth Robert Helpmann, un o bartneriaid cynnar Margot Fonteyn, yn Gyfarwyddwr arno. Mae canolfan y cwmni yn Melbourne ac mae ysgol ei hun ganddo. Mae'n cyflwyno cynyrchiadau cryf o'r clasuron a gweithiau newydd, gan deithio ledled y byd.

Bale Brenhinol Birmingham

Pan symudodd Y Bale Brenhinol i Covent Garden yn 1946, roedd ganddo adran deithio oedd yn ymweld â theatrau ledled Prydain Fawr a thu hwnt. Yn y 1970au roedd rhan o'r cwmni teithiol hwn â chanolfan yn Theatr Sadler's Wells, a'i enw oedd Bale Brenhinol Sadler's Wells, gyda Syr Peter Wright yn gyfarwyddwr. Yn 1990, symudodd y cwmni i Birmingham, gyda chanolfan yn yr Hippodrome mewn stiwdios wedi'u codi'n arbennig. Penodwyd David Bintley, coreograffydd bales poblogaidd fel *The Snow Queen* a Hobson's Choice, yn gyfarwyddwr yn 1995.

Theatr Bolshoi

Bale Bolshoi

Mae'n debyg i'r cwmni byd-enwog yma o Rwsia ddechrau mewn cartref i blant amddifad yn Moscow yn 1774 i ddarparu dawnswyr i Theatr Petrovsky. Yn Theatr Bolshoi mae canolfan y cwmni ers 1856. Dysgodd Carlo Blasis yn yr ysgol yn y 1860au. Perfformiodd y cwmni'r Llyn Elyrch am y tro cyntaf, a chreodd Marius Petipa Don Quixote ar ei gyfer yn 1869.

Datblygodd arddull ddramatig a llachar y Bolshoi yn y 1930au, o dan gyfarwyddyd Leonid Lavrovsky. Mae'r cwmni bellach yn teithio ledled y byd.

Tŷ Opera Sydney

Theatr Dawns Harlem

Sefydlwyd y cwmni gan Arthur Mitchell, cyn brif ddawnsiwr gyda Bale Dinas Efrog Newydd a Karel Shook. Dyma'r cwmni bale cyntaf i ddatblygu dawnswyr clasurol croenddu. Sefydlwyd ef fel ysgol yn 1968 a pherfformiodd am y tro cyntaf yn 1971 yn Amgueddfa Gugenheim yn Efrog Newydd gan gyflwyno tri bale gan Mitchell. Aeth y cwmni ymlaen i berfformio bales gan Balanchine, Teley a Geoffrey Holder, yn ogystal â fersiynau newydd o *The Firebird* (wedi'i leoli ar ynys drofannol) a *Giselle* (wedi'i leoli yn Louisiana).

Bale Cenedlaethol Lloegr

Yn 1949, aeth y Fonesig Alicia Markova a Syr Anton Dolin, y ddau'n gyn ddawnswyr gyda Diaghilev, ati i gasglu criw o ddawnswyr ynghyd, gan sefydlu'r *Festival Ballet*, a berfformiodd am y tro cyntaf yn 1950. Yn 1968 galwyd y cwmni yn *London Festival Ballet*. Roedd y cwmni'n teithio llawer ac yn perfformio'n gyson yn y *Festival Hall*. Roedd ei gynyrchiadau cynnar yn cynnwys *Witch Boy*, *Peer Gynt* ac *Etudes*. Bale Cenedlaethol Lloegr yw ei enw erbyn hyn, ac ar hyn o bryd, caiff ei arwain gan Matz Skoog, cyn gyfarwyddwr Bale Brenhinol Seland Newydd.

Bale Kirov

Sefydlwyd y cwmni enwog yma o Rwsia yn St Petersburg yn 1783. Erbyn diwedd y 1800, roedd y cwmni'n perfformio yn Theatr Maryinsky, a'i ddisgyblion yn dod o'r academi bale enwog yn Stryd y Theatr. Cynhyrchodd Petipa'r Rhiain Gwsg, Yr Efail Gnau, y Llyn Elyrch a Raymonda i'r cwmni. Ar droad y ganrif, rhai o'i ddawnswyr enwocaf oedd Preobajenska, Pavlova, Karavina a Nijinsky.

Cadwodd y cwmni i fynd ar ôl Chwyldro Rwsia gan deithio dramor. O dan arweiniad Sergeyev, pwysleisiodd y cwmni bod rhaid cadw'r bales clasurol, a chollodd lawer o'i brif ddawnswyr, fel Nureyev, Makarova a Baryshnikov i'r Gorllewin.

Bale Cenedlaethol Canada
Sefydlwyd y cwmni yn 1951 ac mae ei ganolfan yn Toronto. Ei gyfarwyddwr cyntaf oedd Celia Franca, yna Alexander Grant, ill dau'n ddawnswyr o Brydain. Cyflwynodd Grant fales Frederick Ashton i'r *repertoire* eang. Roedd y seren o Ddenmarc, Erik Bruhn, yn Gyfarwyddwr artistig o 1983 i 1986. Mae gan y cwmni ysgol bale.

Bale Dinas Efrog Newydd
Cafodd George Balanchine wahoddiad i agor ysgol bale gan Lincoln Kirstein, yr awdur Americanaidd a noddwr y celfyddydau. Y freuddwyd oedd creu cwmni bale cyntaf America. Dechreuodd gyflwyno bales yn Efrog Newydd yn y 1940au, ac yn 1964 symudodd Bale Dinas Efrog Newydd i'r State Theatre yng Nghanolfan Lincoln. Mae ei ddawnswyr enwocaf yn cynnwys Jacques d'Amboise, Melissa Hayden, Maria Tallchief a Edward Villella. Er mai bales Balanchine, wedi'u cadw gan Ymddiriedolaeth Balanchine, yw craidd repertoire y cwmni, mae'n perfformio llawer o weithiau newydd. Ar hyn o bryd, y cyfarwyddwr yw Peter Martins, cyn ddawnsiwr a choreograffydd

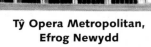

Tŷ Opera Metropolitan, Efrog Newydd

gwych. Ysgol Bale Dinas Efrog Newydd yw un o'r enwocaf yn y byd.

Palais Garnier, Paris

Bale Paris Opéra
Mae'r cwmni'n mynd 'nôl i adeg Louis XIV a'r *Académie Royale de Danse*, a agorodd sefydliad hyfforddi yn 1713. Roedd Camargo a Sallé ymhlith y sêr cyntaf, yna Vestris a Noverre. Perfformiodd y dawnswragedd rhamantaidd Taglioni ac Elssler yma am y tro cyntaf yn y 1830au. Symudodd y cwmni i'w gartref presennol yn Palais Garnier yn 1875. Bu Rudolf Nureyev yn cyfarwyddo'r cwmni o 1983 hyd at ei farwolaeth. Mae ysgol ynghlwm wrth y cwmni, a'r enw traddodiadol ar y disgyblion oedd *Les Petits Rats* (y llygod Ffrengig bach).

Y Bale Brenhinol
Tyfodd y cwmni o Ysgol Bale Sadler's Wells, a sefydlwyd yn Theatr Sadler's Wells gan y Fonesig Ninette de Valois yn y 1930au. Ei enw cyntaf oedd Bale Vic-Wells. Yn 1946, symudodd y cwmni, oedd â'r enw Bale Theatr Sadler's Wells, i'r Tŷ Opera Brenhinol, Covent Garden, gyda chynhyrchiad newydd o'r Rhiain Gwsg. Cafodd siarter brenhinol i ddod yn Fale Brenhinol yn 1956. Mae gan y

cwmni ysgol, yr Ysgol Bale Brenhinol, o dan gyfarwyddyd Gailene Stock. Monica Mason OBE yw cyfarwyddwr y Cwmni Bale Brenhinol. Mae'r ddwy gyn ddawnswraig hon wedi dod yn arweinyddion hyderus a chraff drwy ddefnyddio'r cryfder a'r ddisgyblaeth a ddysgon nhw wrth hyfforddi i ddawnsio bale.

Y Tŷ Opera Brenhinol, Covent Garden

Bale Brenhinol Denmarc
Pan sefydlwyd y cwmni hwn yn 1784, roedd dawnsio bale wedi digwydd yn llysoedd Denmarc ers y 16eg ganrif. Daeth August Bournonville, disgybl i Vestris, yn feistr y bale yn 1830. Bu'n rheoli'r ysgol a'r cwmni, felly sefydlodd yr arddull arbennig sy'n dal i'w gweld heddiw. Mae'r cwmni'n dal i hoffi perfformio bales Bournonville, gan gynnwys Napoli, *La Sylphide* a *Konservatoiret*, sy'n ail-greu dosbarth bale gyda Vestris.

Bale Stuttgart
Y coreograffydd Jean Georges Noverre oedd arweinydd cyntaf y bale llys yma, o 1760 i 1766. Yn y cyfnod diweddar, dechreuodd ddenu sylw byd eang ar ôl i John Cranko gael ei benodi'n Gyfarwyddwr yn 1960. Sefydlodd enw da am goreograffi cyffrous a bywiog. Mae'r ysgol sydd ynghlwm wrth y cwmni'n enwog am ei safonau techneg uchel.

Hanes bale

Mae bale wedi newid cryn dipyn drwy'r oesoedd. Roedd y newidiadau'n rhan o nifer o bethau eraill a ddigwyddodd – sut roedd pobl yn byw, pa frwydrau roedden nhw'n eu hymladd, a'u bwyd a'u gwisgoedd hyd yn oed.

1462 Darn cyntaf hysbys wedi'i ysgrifennu am dechneg dawns, gan Domenico di Piancenza. Llysoedd yr Eidal yn cynnal adloniant dawns.

1581 Perfformio'r bale cyntaf hysbys, *le Ballet Comique de la Reine*, mewn priodas frenhinol yn Ffrainc, o 10pm i 3am.

1588 *Orchesographie* gan Arabeau yw'r darn cyntaf a ysgrifennwyd yn Ffrangeg am dechneg dawns.

1608 Cosimo de Medici'n cynnal bale ceffylau yn Firenze, yr Eidal.

1620 Pererinion y *Mayflower* yn glanio yn Massachusetts, America.

1642-1646 Rhyfel Cartref yn Lloegr (Y Pengrynion yn erbyn y Cafaliriaid).

1653 Louis XIV yn dawnsio fel Apollo, duw'r haul yn *Le Ballet Royal de la Nuit*, Ffrainc.

1661 Louis XIV yn sefydlu Académie Royale de Danse, Ffrainc.

1669 Sefydlu *Académie Royale de Musique* yn Ffrainc.

1681 Merched yn dawnsio am y tro cyntaf ar y llwyfan yn le *Triomphe de l'Amour*, gan Jean Baptiste Lully. (Mae'n debyg i un ddawnswraig, Mademoiselle de Lafontaine, ddawnsio am 10 mlynedd cyn mynd yn lleian.)

Louis XIV

1717 *Loves of Mars and Venus* gan John Weaver yn cael ei lwyfannu yn Llundain.

1727 Marie Camargo yn byrhau ei sgertiau, Ffrainc.

1738 Sefydlu Ysgol Bale Ymerodrol, yn St Petersburg, Rwsia.

1758 Jean Georges Noverre yn cynhyrchu dau ballets d'action cynnar, *Les Caprices de Galathée* a *La Toilette de Venus*, Ffrainc.

1762 Catherine Fawr yn dod yn Ymerodres Rwsia.

1774 Sefydlu Ysgol Bale Bolshoi mewn cartref i blant amddifad yn Moscow, Rwsia.

1776 Datganiad Annibyniaeth America.

1781 Noverre yn dod yn feistr y bale yn Theatr Kings, Llundain.

1789 Dechrau'r Chwyldro Ffrengig.

1801 Salvatore Bigano'n cyflwyno *Creatures of Prometheus* yn Wien (Vienna), gydag unig sgôr Beethoven ar gyfer bale.

1804 Napoleon yn cael ei goroni'n Ymerawdwr Ffrainc.

1815 Brwydr Waterloo

1830 August Bournonville yn dod yn feistr bale Bale Brenhinol Denmarc. Carlo Blasis yn cyhoeddi *The Code of Terpischore* yn Llundain.

Marie Camargo

1832 Marie Taglioni'n dawnsio *La Sylphide* – dechrau bale Rhamantaidd. (Yn ddiweddarach mae ei hedmygwyr yn Rwsia'n coginio ei hesgidiau mewn cawl).

1837 Coroni'r Frenhines Victoria.

1840 Fanny Elssler yw'r ddawnswraig Ramantaidd gyntaf i deithio America.

1841 Perfformio *Giselle* am y tro cyntaf, Paris.

1845 Pedair seren Bale Rhamantaidd, (Fanny Cerrito, Lucile Grahn, Carlotta Grisi a Marie Taglioni) yn dawnsio eu *Pas de Quatre* enwog.

1861-1865 Rhyfel Cartref America

1862 Seren ifanc ym Mharis, Emma Livry'n gwrthod gwisgo tutu llai gwyn ond mwy gwrth fflam – mae ei sgertiau'n dechrau llosgi mewn ymarfer ac mae'n marw o'i llosgiadau.

1869 Penodi Marius Petipa'n Brif Feistr Bale i Fale Ymerodrol y Tsar, St Petersburg. Perfformio *Don Quixote* am y tro cyntaf, Moscow.

1870 Perfformio *Coppélia* am y tro cyntaf, Paris. Rhyfel Ffrainc a Phrwsia'n dechrau – gwarchae Paris.

1877 Perfformio'r Llyn Elyrch am y tro cyntaf yn Moscow, nid yw'n llwyddiant, ond bydd yn cael ei berfformio eto yn 1895 yn St Petersburg.

1881 Edgar Degas yn arddangos cerflun cŵyr o'r enw'r Ddawns-wraig Fach.

1890 Perfformio'r Rhiain Gwsg am y tro cyntaf, St Petersburg.

1892 Perfformio Yr Efail Gnau am y tro cyntaf, St Petersburg.

1895 Perfformio 32 *fouettés* yn y Llyn Elyrch am y tro cyntaf, gan Pierina Legnani yn St Petersburg.

Carabosse, yn Rhiain Gwsg

1905 Mikhail Fokine yn gwneud coreograffi unawd 3 munud o hyd, Yr Alarch ar Farw, i Anna Pavlova, Rwsia. Mae ei gwisg o blu go iawn.

Pavlova

1909 Tymor cyntaf *Ballets Russes*, gan Serge Diaghilev, Paris – yn ystod y ddau dymor nesaf bydd *The Firebird* a Petrushka'n llwyddiant ysgubol.

1910 Léon Bakst yn dylunio *Schéhérazade* i Diaghilev, Paris.

1911 Alexandre Benois yn dylunio Petrushka i Diaghilev, Paris.

1913 Perfformio *The Rite of Spring*, Vaslav Nijinsky am y tro cyntaf ym Mharis, i gerddoriaeth gan Igor Stravinsky – terfysg yn y theatr.

Petrushka

1914-1918 Y Rhyfel Byd cyntaf.

1916 *Ballet Russes* yn perfformio yn Efrog Newydd.

1917 Jean Cocteu yn dylunio bale Ciwbaidd, *Parade i Diaghilev* – cerddoriaeth gan Eric Satie (gan gynnwys seirenau llongau a theipiadur) a choreograffi gan Léonide Massine. Chwyldro Rwsia.

1919 Perfformiad olaf Nijinsky.

1928 Perfformio *Apollo* gan George Balanchine am y tro cyntaf ym Mharis.

1928 Menywod dros 21 oed yn cael pleidleisio yn y DU.

1929 Diaghilev yn marw yn Venezia (Fenis), yr Eidal.

1931 Ninette de Valois yn dod yn Gyfarwyddwr Bale Vic-Wells, Llundain.

1934 Balanchine a Kirstein yn agor Ysgol Bale America. Rhan gyntaf Margot Fonteyn yw'r bluen eira yn Yr Efail Gnau – bydd yn ymddeol pan fydd yn 60 oed.

1939-1945 Yr Ail Ryfel Byd.

1939 Sefydlu Theatr Bale (wedyn Theatr Bale America). Perfformiad cyntaf Bale Rambert, wedi'i sefydlu gan Marie Rambert, o'r DU.

1940 Perfformio *Romeo a Juliet* gan Leonid Lavrosky am y tro cyntaf, Leningrad.

1944 Perfformio Fancy Free gan Jerome Robbins am y tro cyntaf gan Theatr Bale, UDA.

1945 Balanchine yn gwneud coreograffi i bolca syrcas i eliffantod, i gerddoriaeth gan Stravinsky. Sefydlu'r Cenhedloedd Unedig, Efrog Newydd.

1946 Bale Sadler's Wells yn symud i Covent Garden, Llundain.

1948 Perfformio Sinderela gan Frederick Ashton am y tro cyntaf, Llundain.

1950 Alicia Markova ac Anton Dolin yn ffurfio *Festival Ballet*, Llundain.

1951 Sefydlu Bale Cenedlaethol Canada, Toronto.

1953 Coroni'r Frenhines Elizabeth II.

1956 Bale Sadler's Wells yn newid ei enw i'r Bale Brenhinol.

1957 Arwyddo Cytundeb Rhufain i sefydlu'r Gymuned Ewropeaidd.

1960 John Cranko'n dod yn Gyfarwyddwr Bale Stuttgart. Perfformiad cyntaf *La Fille mal Gardée* gan Ashton, Llundain. Sefydlu Bale Robert Joffrey, UDA.

1962 Nureyev yn ymuno â'r Bale Brenhinol. Sefydlu Bale Awstralia.

La Fille mal Gardée

1964 Pasio'r Mesur Hawliau Sifil, UDA. Martin Luther King yn cael Gwobr Heddwch Nobel.

1965 Flemming Flindt yn dod yn Gyfarwyddwr Bale Brenhinol Denmarc. Perfformio Romeo a Juliet gan Kenneth MacMillan am y tro cyntaf, Llundain.

1968 Perfformio *Spartacus* gan Yuri Grigorovich am y tro cyntaf, Moscow.

1969 Perfformio *The Taming of the Shrew* gan Cranko am y tro cyntaf, Stuttgart. Bale'r Alban â'i ganolfan yn Glasgow. Geni Darcey Bussell. Neil Armstrong a Buzz Aldrin, y gofodwyr o America, yw'r dynion cyntaf i gerdded ar y lleuad.

1971 Perfformiad proffesiynol cyntaf Theatr Ddawns Harlem yn Efrog Newydd

1974 Mikahil Baryshnikov, dawnsiwr gyda chwmni Kirov, yn ffoi i'r Gorllewin ac yn ymuno â Theatr Bale America. Perfformio *Elite Syncopations* gan Kenneth MacMillan am y tro cyntaf, Llundain.

1983 Nureyev yn dod yn Gyfarwyddwr Bale Opéra Paris. Peter Martins a Jerome Robbins yn dod yn Gyd-Gyfarwyddwyr Bale Dinas Efrog Newydd. Peter Schaufuss yn dod yn Gyfarwyddwr Festival Ballet.

1986 Anthony Dowell yn dod yn Gyfarwyddwr y Bale Brenhinol.

1989 Dymchwel Mur Berlin.

1990 Irek Mukhamedov, seren cwmni Bolshoi, yn ymuno â'r Bale Brenhinol. Bale Brenhinol Sadler's Wells yn newid ei enw: Bale Brenhinol Birmingham. Festival Ballet yn newid ei enw: Bale Cenedlaethol Lloegr.

1991 Fonteyn yn marw. Yr Undeb Sofietaidd yn chwalu.

1993 Nureyev yn marw.

1995 Dilynwr bale'n prynu pâr o esgidiau bale Nureyev mewn arwerthiant am £12,075. Twyla Tharp, coreograffydd dawns modern yn gwneud ei bale cyntaf i'r Bale Brenhinol.

Geirfa

adage *â-daj* Stepiau a symudiadau araf wedi'u cynnal yn hir, a'r rheiny'n llifo o un i'r llall.

aliniad Perthynas un rhan o'r corff i un arall.

allegro *a-leg-ro* Stepiau cyflym a sionc a all gynnwys neidio a stepiau teithio. Ceir *grand allegro* (allegro mawr) a petit allegro (allegro bychan).

amrywiad Unawd dawnsiwr, weithiau mae'n rhan o *pas deux*, weithiau mae'n rhan o'r *divertissements*.

amseriad Y cyflymdra y mae cerddoriaeth yn cael ei chwarae gan gerddorfa.

arabesque *ar-ab-êsg* Mae'r ddawnswraig yn cydbwyso ar un goes a'r goes arall wedi'i hymestyn a'i chodi y tu ôl iddi.

arabesque

attitude *at-i-twd* Yn debyg i *arabesque* ond bod y goes sydd i fyny wedi'i phlygu wrth y pen-glin fel bwa y tu ôl i'r corff, yn lle bod yn syth.

awditoriwm Y rhan o'r theatr lle mae'r gynulleidfa'n eistedd.

bale clasurol Arddull dawnsio wedi'i seilio ar reolau a nodwyd dros ganrifoedd gan athrawon ac ysgolion o Ffrainc, Rwsia, Denmarc a'r Eidal.

bales Clasurol Fel arfer bales stori Rwsiaidd o ddiwedd y 19eg ganrif. Maen nhw'n dilyn patrwm arbennig – fel y Llyn Elyrch a'r Rhiain Gwsg.

bale cyfoes Arddull dawnsio o'r 20 ganrif sydd â rheolau gwahanol i fale. Er enghraifft, does dim gwaith *pointe*, gall traed blygu yn lle pwyntio ac mae aliniad yr asennau a'r cluniau'n wahanol a llai caeth.

bale haniaethol Bale heb stori na thema ddramatig – dawns er mwyn dawns.

Bales Rhamantaidd Bales sy'n rhan o'r mudiad Rhamantaidd ar ddechrau'r 19eg ganrif. Fel arfer, storïau tylwyth teg llawn dirgelwch ydyn nhw.

bale thema Bale sydd heb stori ond sy'n amlwg yn sôn am rywbeth. Er enghraifft, *Gloria* gan MacMillan, am erchyllderau'r Rhyfel Byd cyntaf a *Les Patineurs* gan Ashton, am sglefrio.

ballet de cour Bale llys yn y 17eg ganrif gyda gwisgoedd moethus, cerddoriaeth, dawns, meim a gorymdeithiau.

ballon Dull o ddawnsio mewn ffordd 'sionc' iawn, fel bod y dawnsiwr fel petai'n hofran yn yr awyr.

barre Rheilen bren sy'n sownd wrth waliau stiwdio dawns. Mae dawnswyr yn ei defnyddio i gydbwyso wrth wneud ymarferion sylfaenol.

batwn Ffon fach denau y mae'r arweinydd yn ei defnyddio i arwain y gerddorfa.

battements frappés *bat-mon ffrap-ê* Ymarfer wrth y bar lle mae'r droed yn cael ei phlygu ac yna mae'n taro yn erbyn y llawr, fel matsien yn erbyn blwch matsis.

battements tendues *bat-mon ton-dŵ* Ymarfer wrth y bar lle mae'r droed yn cael ei dal allan ar hyd y llawr tan iddi fod yn pwyntio.

batterie *baterî* Stepiau lle mae'r coesau'n cael eu curo yn erbyn ei gilydd, fel *entrechat*. Ceir *petite batterie* (bach) a *grande batterie* (mawr).

cefnlen Lliain wedi'i beintio sy'n hongian yng nghefn y llwyfan yn rhan o'r olygfa.

changement *sionje-mon* Naid fechan sy'n dechrau yn pumed safle gydag un droed o flaen y llall ac sy'n gorffen yn y pumed safle gyda'r droed arall o flaen y llall. Mae'n sail i ddysgu *entrechats*.

codi présage Codi mewn *pas de deux*, lle mae'r dyn yn dal y ddynes yn uchel uwch ei ben a'i freichiau'n syth.

coreograffydd y person sy'n cael y syniad am y bale ac sy'n trefnu'r stepiau a'r patrymau fel eu bod yn ddarn o gelfyddyd.

corps de ballet *cor de bal-ai* Dawnswyr sy'n perfformio gyda'i gilydd fel grŵp heb ddawnsio unawdau neu brif rannau – dawnsgor bale.

coryphée *cori-ffê* Unawdwyr ifainc, rywle rhwng y dawnsgor bale a'r unawdwyr.

divertissement

dawnsgor bale Dawnswyr sy'n perfformio gyda'i gilydd fel grŵp heb ddawnsio unawdau neu brif rannau – *corps de ballet*.

dawnsio cymdeithasol Dawnsio er mwyn mwynhau, e.e. dawns neuadd neu ddisgo.

dawnsio cymeriadau dawnsio gwerin traddodiadol wedi'i baratoi ar ffurf coreograffi mewn bale – er enghraifft, y *mazurka* Pwylaidd yn *Coppélia*.

dawnsio gwerin Dawnsio pobl dros y byd i gyd sy'n rhan o fywyd bob dydd. Mae wedi'i drosglwyddo o genhedlaeth i genhedlaeth ac nid oes angen coreograffwyr na llwyfannu cymhleth.

demi-caractere

dawnsio jazz Dechreuodd yn UDA tua 1917 a datblygodd ar y cyd â cherddoriaeth jazz. Mae dawnsio jazz wedi'i seilio ar symudiadau dawnsio o Affrica. Caiff ei ddefnyddio mewn bales gan Jerome Robbins a choreograffwyr eraill.

dawnsio telynegol Ffordd o ddawnsio sy'n llifo'n osgeiddig.

demi-caractère Dawnsio, neu ddawnsiwr, â blas dawns ddoniol neu werinol. Er enghraifft Puck yn *The Dream* ac Alain yn *La Fille mal Gardée*.

dirprwy Person sy'n dysgu rhan ac sy'n gallu neidio i'r adwy yn lle dawnsiwr arall, e.e. os bydd yn sâl.

divertissement *di-fer-tis-mon* Arddangosfa o ddawnsio nad yw'n ganolog i stori bale – fel unawdau'r Wawr a'r Weddi yn Act II o *Coppélia*, a Phws Esgid Uchel a'r holl ddawnsiau eraill yn y briodas yn Act III y Rhiain Gwsg.

dawnsio gwerin

effeithiau arbennig Sain a golau wedi'u defnyddio i greu awyrgylch fel taranau, niwl ac eira. Mae'n cynnwys golau laser, taflunio tryloywderau a fideo, ac iâ sych.

electro-acwstig Cerddoriaeth wedi'i chanu gan offerynnau electronig fel syntheseiddwyr a sampleri – caiff ei defnyddio mewn ambell fale modern.

en avant *on afon* Tuag ymlaen, e.e. y pumed en avant, lle mae'r breichiau'n cael eu dal o flaen y corff.

enchaînement *on-sien-mon* Cyfres o gamau wedi'u cysylltu â'i gilydd, fel geiriau'n creu brawddeg.

en croix *on crwa*
Ar ffurf croes, e.e. ymarfer *barre* lle mae symudiad tuag ymlaen, i'r ochr, tuag yn ôl ac i'r ochr eto.

en derrière *on deri-êr* Tuag yn ôl, y gwrthwyneb i *en avant*.

grand jeté

en diagonale *on di-ag-on-âl* Dawnsio sy'n mynd groesgornel, o un gornel y stiwdio neu'r llwyfan i'r llall.

entrechat six *on-try-sia sîs* Naid o'r pumed safle lle mae'r coesau syth yn croesi dros ei gilydd dair gwaith.

finale Diwedd bale, neu mewn rhaglen Gala, yr uchafbwynt i gyfres o *divertissements*.

fouetté *ffwet-ê* Troi lle mae'r goes sy'n gweithio fel petai'n chwipio mewn cylch, i ffwrdd o'r goes sy'n cynnal y corff, fel llwy mewn powlen o gymysgedd teisen. Mae Odile yn perfformio cyfres o 32 *fouetté* yn Act III y Llyn Elyrch.

leotard

ffisiotherapydd Person sy'n trin dawnswyr sydd wedi anafu. Mae ganddo/i wybodaeth arbenigol am anafiadau chwaraeon a dawns.

fflat Darn o olygfa wedi'i beintio sy'n sefyll yn unionsyth wrth ochr y llwyfan.

gran allegro *gron a-leg-ro* Stepiau mawr sy'n neidio a theithio ar draws y llwyfan.

gran jeté *gron siet-ê* Naid fawr sy'n teithio ar draws y llwyfan, gyda'r coesau a'r breichiau ar led.

gwaith pointe Dawnsio ar flaenau'r traed, *en pointe*, gan ddefnyddio esgidiau sydd wedi'u caledu'n arbennig. Menywod yn unig sy'n ei berfformio, ond weithiau bydd dynion yn gwneud mewn rôl *demi-caractère*, fel Bottom pan yw'n asyn yn The Dream gan Frederick Ashton.

Labanotation System o gofnodi stepiau dawns a symudiadau cyffredin, wedi'i ddatblygu gan Rudolf von Laban.

leotard Gwisg sy'n ffitio'n dynn, fel siwt nofio, gyda llewys neu hebddynt. Caiff ei wisgo ar gyfer dosbarthiadau bale.

llinell Y llinellau a'r bwâu gosgeiddig y mae corff dawnswyr yn eu gwneud yn y gwagle o'u cwmpas.

meistr y bale Mae'n cymryd ymarferion ac weithiau'n trefnu amserlen y dawnswyr.

meistres y bale Mae'n cymryd ymarferion ac fel arfer yn gyfrifol am hyfforddi'r merched yn y *corps de ballet*.

motif (neu leitmotif)
Brawddeg gerddorol neu symudiad, neu syniad. Caiff ei ailadrodd drwy gydol bale, naill ai i helpu i adrodd y stori neu i greu patrwm i'r gynulleidfa ei adnabod. Mae Giselle yn enghraifft o hyn: mae gan bob cymeriad ei gerddoriaeth ei hun, a *La Fille mal Gardée*, lle defnyddir rhubanau mewn nifer o wahanol ffyrdd gydol y bale.

en pointe

neo-glasurol Ansoddair a ddefnyddir weithiau i ddisgrifio bales a ddatblygodd George Balanchine, wedi'u seilio ar fales clasurol diwedd y 19eg ganrif.

nodiant Benesh System i gofnodi stepiau dawns a ddyfeisiwyd gan Joan a Rudolf Benesh yn 1955.

nodiannydd Person sy'n cofnodi stepiau a symudiadau bale gan ddefnyddio nodiant Laban neu Benesh.

pas de deux *pa dy dy* Dawns i ddau berson mewn bale, dyn a dynes fel arfer. Deuawd yw hi os mai dau ddyn neu dwy ddynes sy'n dawnsio.

petit allegro *pyti a-leg-ro* Stepiau bach neidio a theithio ar draws y llwyfan sy'n cael eu perfformio mewn *enchaînements*.

pirouette en dedans *pi-rw-et on de-don* Step lle mae'r dawnsiwr yn troi am i mewn, tuag at y goes sy'n cynnal y corff. Mae *pirouettes* yn cael eu perfformio en *pointe* neu *demi-pointe*.

pirouette en dehors *pi-rw-et on de-or* Step lle mae'r dawnsiwr yn troi am allan, i ffwrdd o'r goes sy'n cynnal y corff.

révérence

plié *plî-ê* Symudiad bale sylfaenol lle mae'r pengliniau'n plygu

port de bras *por dy brâ* Symudiadau'r breichiau mewn bale.

premier danseur Y dyn sy'n brif ddawnsiwr mewn cwmni bale.

prima ballerina Y brif ddawnswraig mewn cwmni bale.

sgôr

promenade *prom-yn-âd* Weithiau mae'n rhan o pas de deux. Mae'r dyn yn cerdded o gwmpas y ddynes, gan ei chynnal pan fydd hi *en pointe* mewn *arabesque* neu *attitude*.

repertoire Y casgliad o fales sy'n cael eu perfformio gan gwmni. Bydd disgwyl i fyfyrwyr ddysgu peth o'r repertoire yn rhan o'i hyfforddiant.

répétiteur Mae'n dysgu'r repertoire ac yn cymryd ymarferion gyda'r cwmni. Fel arfer, cyn ddawnsiwr/wraig yw ef/hi.

révérence Moesymgrymu ffurfiol ar ddiwedd dosbarth neu berffformiad.

resin Darnau melyn o dyrpant crisialog (resin naturiol o goed) sy'n cael eu malu i gael powdr gwyn gludiog. Mae'n cael ei roi ar esgidiau bale i atal y dawnswyr rhag llithro ar y llwyfan. Caiff ei gadw ar hambwrdd gwastad yn y stiwdio neu'r esgyll.

rhan cymeriad Rhan mewn bale sy'n gofyn am actio a meim yn hytrach na dawns – er enghraifft y Frenhines yn y Llyn Elyrch a Carabosse yn y Rhiain Gwsg.

sbotio Mae dawnswyr yn gwneud hyn i osgoi cael pendro wrth droi. Rhaid syllu ar un man a cheisio dod 'nôl i'r man hwnnw cyn gynted â phosibl.

sgôr Set gyflawn o gerddoriaeth neu nodiant dawnsio ar gyfer bale.

techneg Mae'n golygu dau beth. Yn gyntaf, y nodweddion sy'n bwysig i fale clasurol, fel y stepiau, gwaith pointe. Yn ail, y grefft sydd gan ddawnsiwr wrth berfformio'r rhain.

temps de poisson *tom de pwas-on* Naid lle mae'r corff yn gwyro yn yr awyr, fel pysgodyn yn neidio o'r dŵr.

tutu Sgert dawnswraig wedi'i gwneud o sawl haen o ddefnydd rhwyllog wedi'i dynnu at ei gilydd. Gall fod yn fyr iawn (Clasurol) neu hyd at groth y goes (Rhamantaidd).

unawd Dawns i un person.

Mynegai

Cydnabyddiaeth

Dymuna'r cyhoeddwyr ddiolch i'r arlunwyr canlynol
am eu cyfraniad i'r llyfr hwn:

Victor Ambrus (Virgil Pomfret Agency) 22-23, 32-33; **Julian Baker** 56-57;
Peter Dennis (Linder Rogers Associates) 36-37; **Francesca D'Ottavi** 34-35;
Susan Field 46-49; **Terry Gabbey** (Associated Freelance Artists Ltd)
28*c*/*gch*, 29*tch*/*gch*, 30*tch*/*c*/*gdd*, 31*gch*; **Pamela Goodchild** (B L Kearley
Ltd) 9*tch*, 19*gdd*, 21*gdd*, 41*c*, 42*gch*, 43*tdd*/*gch*, 50-51; **Adam a Christa
Hook** (Linden Artists) 24-25; **Christian Hook** 31*gch*, 40-41; **Biz Hull**
(Artist Partners) 12-13, 13*gdd*, 14*gch*, 14-15, 15*tdd*/*cdd*, 16*tdd*, 16-17*c*, 17*t*,
18*gdd*, 20*tdd*; **John James** (Temple Rogers Artists Agency) 38-39; **Nicki
Palin** 6-7; **Helen Parsley** (John Martin Artists) 8, 9*gdd*, 44-45; **Clive Spong**
(Linden Artists) 4-5; **Jean Paul Tibbles** (Central Illustration Agency) 10-11,
20*g*, 42*dd*; **Shirley Tourret** (B L Kearley Ltd) 9*cdd*, 14*t*, 15*g*, 17*dd*, 18*t*/*gch*,
19*t*/*cdd*, 21*t*/*gch*, 27*t*, 29*gdd*, 31*gdd*, 36*ch*, 37*tch*/*dd*, 43*gdd*.

Dyluniwyd gan Ian Beck.

Diolch hefyd i'r canlynol am ddarparu deunydd ffotograffig
ar gyfer y llyfr hwn:

Ancient Art and Architecture 7; **Catherine Ashmore** *tudalennau
rhagarweiniol*; **Bridgeman Art Library** 8, 25, 51; **Bill Cooper** 21; **Anthony
Crickmay** 5, 19; **e t archive** 28, 30; **Mary Evans Picture Library** 26*t*;
Novosti Photo Library 31; **Society for Co-operation in Russian and Soviet
Studies** 26*b*, **Tate Gallery** 13; **Reg Wilson** 11;

ac i **The Benesh Institute, Anthony Crickmay, English National Ballet,
Robbie Jack, London City Ballet, The Metropolitan Opera, The Royal
Ballet** a **Scottish Ballet** am eu cymorth parod.

Dymuna'r cyhoeddwyr gydnabod yr hawl i ailgynhyrchu'r
deunydd canlynol dan ddeddfau hawlfraint:

tudalen 10, o **The Magic of Dance** gan Margot Fonteyn © 1979
Fountain Productions Ltd, yn unol â chaniatâd ystad yr awdur;
Tudalen 34, o **Nureyev – an autobiography with pictures** © 1962
Opera Mundi, yn unol â chaniatâd Hodder Headline plc.

He even packed his teddy bear,
　　　In case it got too rough.

His mother kissed him on the nose
And handed him a snack.
　　　"Say hello to Mercury,
　　　But don't be too late back!"

He climbed into his rocket ship
And shouted, "Goodbye, Mum!"
Then closed the door
        and threw the switch
                And counted...

...**1**

He closed his eyes...

      and held on tight.

           The engines went...

Then there he was, in deep blue space...

...heading for the moon.

Suddenly he heard a bang. "The rocket's lost all power!"
He looked outside and thought, "Oh no! I'm in a meteor shower!"

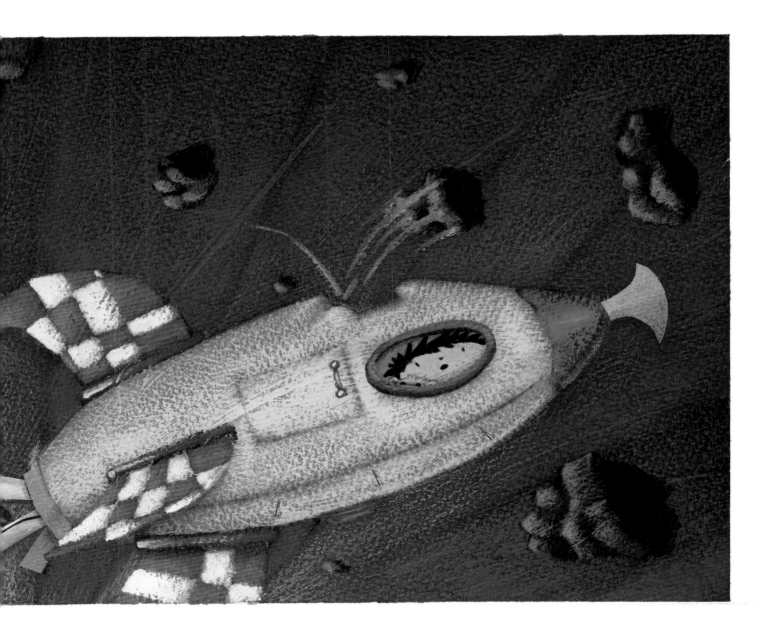

A rock had hit his ship quite hard and left a nasty crack.
Edward told his teddy bear, "We might not make it back!"

Then Edward heard another noise. A giant UFO!

But when he looked, an alien waved and offered him a tow.

They took him for some quick repairs and fixed his broken ship

Then off he went to Jupiter, continuing his trip.

He drove around the Universe,
And chased an asteroid.

Saturn, Neptune, Uranus
Were planets he enjoyed.

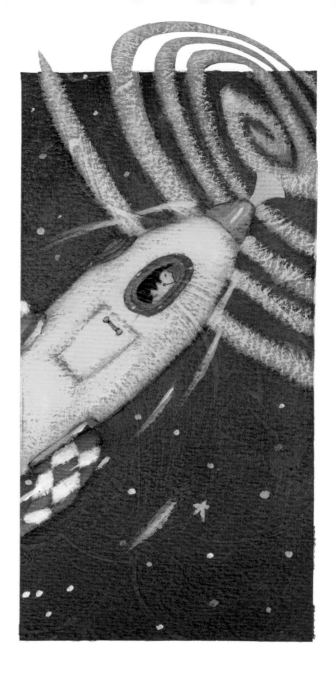

He waved at passing astronauts,
And steered past satellites.

He headed for the Milky Way
To look at all the sights.

By now his fuel was getting low.
He saw the Earth's blue sea,
He turned around his ship and said,
"Now, that's the place for me!"

So, he and Teddy dropped to Earth,
Strapped tight into their seats.
He pulled a cord that launched a chute
He'd made from Mummy's sheets.

He floated down through fluffy clouds and rode in on the breeze.
Then finally he saw his house and landed in the trees.

He ran into his mother's arms and said, "I've touched the sky!
I've made a billion stars my friends...

... and Mercury says 'Hi!'"